JACQUES VALDOUR

Ouvriers catholiques et royalistes

OBSERVATIONS VÉCUES

ERNEST FLAMMARION, ÉDITEUR

Ouvriers catholiques et royalistes

JACQUES VALDOUR

LA VIE OUVRIÈRE

Ouvriers catholiques et royalistes

Romans-sur-Isère et Decazeville

OBSERVATIONS VÉCUES

ERNEST FLAMMARION, ÉDITEUR
26, RUE RACINE, PARIS

INTRODUCTION

Il ne suffit pas d'observer, décrire et classer les faits. De ce stade de l'empirisme, l'observateur doit passer à celui de la science proprement dite : par l'analyse critique des faits observés, il dégage leur signification, en extrait les idées qu'ils recèlent et les systématise, puis, finalement, en tire une règle pratique pour l'action. C'est, tout naturellement, d'abord à celui qui a observé et qui, par là même, a la connaissance directe, immédiate et vivante, du fait observé, qu'il appartient de le scruter, d'en saisir et d'en révéler la signification cachée ; il est mieux qualifié que personne pour en discerner et administrer la leçon.

Le péril communiste grandit et se fait d'autant plus pressant qu'il est plus caché : l'organisation bolchevique française, devenue secrète, se propage des usines dans les campagnes et envahit les grandes administrations de l'Etat (1), constituant une sorte d'immense conspiration permanente dont le réseau s'étend sur toute la nation. Par crainte d'être devancés dans la prise de possession de l'Etat et des biens de tous les Français, nos mencheviks de la C. G. T. ont, à deux reprises déjà, préparé un coup de main sur le gouvernement. Mais la conjuration bolchevique fait bonne garde : mieux armée, plus richement dotée par les assassins de Moscou, plus puissamment organisée, elle veille à ne pas laisser échapper une telle proie.

Lorsque, au cœur de l'été de 1926, la crise gouvernementale et financière est arrivée à son comble, le sentiment révolutionnaire s'est exprimé tout haut, de toutes parts. Le 18 juillet, dans un petit restaurant populaire de la Condamine (Principauté de Monaco), que fréquentent des ouvriers et des employés, quelques Français parlaient avec animation de la situation politique et l'un d'eux — 26 à 28 ans, peut-être — s'écriait : « Pour rétablir la situation, il n'y a qu'à fusiller 200.000 personnes qui vivent sans travailler ! » Cette proposition ne rencontrait aucun contradicteur. Le lendemain, au même lieu, un homme d'une soixantaine

(1) En mai 1927, un membre du Cabinet Poincaré disait au journaliste Emile Buré : « Une grève des services publics... s'étendrait rapidement, grâce au Cartel des fonctionnaires adhérant à la C. G. T..., et qui sait si, dans l'armée dont les chefs sont mal payés et que travaillent les communistes, nous n'aurions pas à réprimer, ici et là, des séditions ? »

d'années, habillé comme un petit bourgeois aisé, clamait avec un fort accent méridional : « ...Ceux qui ont mis leur fortune à l'étranger, qu'on leur donne quarante-huit heures pour la rapatrier, sinon !... » Un geste de menace achevait sa pensée. Le 31 juillet, les députés votaient plusieurs milliards d'impôts nouveaux et s'attribuaient 45.000 fr. de traitement. Le lendemain, à Paris, sur la plate-forme d'un autobus qui descendait la rue La Fayette, le receveur — un homme de 35 ans environ — s'adressant aux voyageurs qui l'approuvaient criait : « La vie est de plus en plus chère et ils s'octroient 45.000 francs ! Qu'on leur envoie donc un 420 ! Les Boches vaincus se sont relevés et voilà où nous en sommes avec la victoire !... C'est bon !... Tant qu'on pourra manger et aller au cinéma !... Mais quand, à la maison, le gosse aura faim, on descendra dans la rue avec un fusil !... » Lorsque passe à travers le peuple ce frémissement de révolte, il suffit de bien peu de chose pour que la foule aille des paroles aux actes.

On aurait tort d'expliquer cette poussée révolutionnaire par une situation passagèrement critique. Depuis que notre état politique et financier a paru s'améliorer et redevenir normal, la propagande communiste s'est paisiblement étendue et affermie. Elle poursuit avec succès dans les campagnes, même en des provinces que n'a pas envahies l'industrie, où l'on ne connaît pas de grosses fortunes, où la diffusion de la propriété est telle qu'il n'y a point de misère et que très peu de gens ne possèdent pas quelque bien : par exemple, dans le pays manceau et en Touraine. Le chef-lieu de canton La Chartre-sur-le-Loir, commune rurale de 1.800 habitants où se trouvent une tannerie et une filature, compte 150 socialistes et 50 communistes. Dans l'arrondissement de St-Mamers, des garçons et filles de ferme se laissent séduire par le communisme qui, leur persuade-t-on, les fera maîtres à la place des fermiers. En Touraine, chaque chef-lieu de canton et plusieurs petites communes rurales possèdent un groupe communiste bien organisé, fortement discipliné et prêt à marcher au premier signal. Une petite sous-préfecture de moins de 4.000 habitants, dépourvue d'industrie, Loches, prit physionomie de temps d'émeute un certain soir de la fin de 1926 où, René Benjamin étant venu donner une conférence littéraire, les communistes de la ville, renforcés par ceux de Tours que des camions automobiles avaient amenés d'urgence, menacèrent de prendre d'assaut la salle. A Châtaurenault, dans le nord du département, un jeune tanneur de dix-huit ans déclarait en réunion publique que la guillotine n'avait pas fonctionné depuis 93 et qu'il était temps de la dresser sur la place publique pour y faire passer les bourgeois. Dans une petite commune rurale voisine de Vouvray-aux-vins-célèbres, le groupe communiste est formé d'une vingtaine de paysans dont aucun n'est propriétaire de moins de vingt hectares et pour qui le communisme consiste dans le partage, à leur profit, d'une propriété bourgeoise de la localité. A Tours, à Loches, les communistes s'organisent militairement sous le couvert de sociétés sportives. Pendant l'été de 1927, des mutineries de réservistes se sont produites sur divers points du territoire (1).

La généralisation de cet état d'esprit révolutionnaire rend la catastrophe facile. Il est le fruit de la déchristianisation méthodiquement poursuivie depuis un demi-siècle, de la propagande électorale et de la surenchère inévitable en régime électif, du glissement accéléré à gauche, des complicités d'un gouvernement incapable de réformer l'opinion publique d'où il sort et qu'il ne peut garder à son service qu'en la flattant. La convoitise est partout éveillée et excitée : les salariés agricoles rêvent de se substituer aux fermiers comme les fermiers aux propriétaires. La subversion dans les esprits précède et prépare la subversion dans les institutions. Le fonctionnement du mécanisme démocratique déclanche nécessairement tous les appétits et ouvre les voies à tous les désordres.

Dès l'école même, l'enfant est tout préparé par ses maîtres à accueillir comme vraies les idées des révolutionnaires et comme justes leurs revendications. Plus tard, il souscrira tout naturellement au *Credo* religieux, moral, politique et économique du communisme. Les insti-

(1) Grave symptôme, prémonitoire de toutes les révolutions.

tuteurs « unitaires » préparent un manuel d'histoire qui sera, disent les auteurs, « une histoire prolétarienne à l'usage des fils de prolétaires » (1).

Dans les communes à municipalités bolcheviques de la banlieue parisienne, les enfants des écoles reçoivent des bons points sur lesquels se lit : « La bourgeoisie forma la situation actuelle sur le principe de la nationalité. Le prolétariat veut, par l'Internationale, y substituer la lutte des classes et établir le communisme. Les syndicats groupés en confédération préconisent, dans tous les pays, la grève générale et la ruine de la société actuelle ». Dans le quartier de la Maison-Blanche (XIIIe arrondissement), à Paris, des enfants ayant apporté en classe, au cours de l'hiver de 1927, des brochures communistes, l'institutrice en saisit plusieurs qu'elle déchira ; alors, un enfant d'une dizaine d'années s'écria : « Je dirai à mon syndicat que vous détruisez nos brochures ! » Comme en Russie ! Déjà, apparaît le soviet d'écoliers et la dénonciation des maîtres ou maîtresses dont ils ont à se plaindre !

« Avouons-le hardiment », lit-on dans *L'Ecole émancipée*, organe de la Fédération communiste de l'enseignement, « c'est une génération de haine que nous devons préparer aujourd'hui dans l'école révoltée. » N'oublions pas que, sur 115.000 instituteurs, il y en a 80.000 qui appartiennent à la C. G. T. et 20.000 à la C. G. T. U. et que nous sommes à la veille de la réalisation de

(1) *Le Gaulois*, 3 mai 1927.

l'école unique, de l'école géminée, avec enseignement sexuel, et du monopole de l'enseignement.

L'électeur qui a reçu de l'école officielle sa
formation première évolue vers le communisme
avec une rapidité que les chiffres des élections
les plus récentes accusent. A Poissy sous Paris,
les communistes ont obtenu 550 voix en 1925
et 1.004 en mai 1927, contre 960 à l'Union nationale. En mai 1927, à Boulogne sous Paris, l'Union
nationale a eu 1.246 voix, les socialistes 453, les
socialistes communistes 2.044 et les communistes
purs qui en avaient récolté 987 en 1925 en obtiennent 1.246 (1). Dans l'Aube, aux élections législatives du 29 mai 1927, les communistes ont obtenu
15.825 voix au lieu de 8.900 en 1924 ; les socialistes, 8.271 au lieu de 5.000. Les radicaux-socialistes ont perdu les 10.000 voix que les socialo-
communistes ont gagnées en vertu de l'inévitable glissement à gauche, comme, antérieure-
ment, les radicaux en avaient perdu au profit
des radicaux-socialistes et, plus anciennement, les
opportunistes au profit des radicaux. C'est le
ralliement progressif à gauche et à l'extrême-
gauche, fatal en régime électif. Les candidats
démocrates républicains de l'Aube ont réuni
21.000 suffrages contre plus de 24.000 aux révolutionnaires et 6.400 au candidat radical-socialiste.
Au second tour, les révolutionnaires ont re-
cueilli 25.000 voix contre 28.000 au démocrate :
Kerensky l'emporte provisoirement. Le mouve-

(1) Voir *La Vague rouge*, juin 1927, p. 14.

ment inverse s'est produit plus récemment à Lens, aux élections municipales partielles du 18 mars 1928 : depuis 1924, « les socialistes » ont perdu « 1.000 suffrages et les communistes ont doublé le chiffre de leurs voix » (1).

Un Lénine, encore inconnu, ne disposera pas seulement de groupes compacts d'électeurs, mais d'une véritable armée, une armée rouge, dès maintenant constituée, pourvue d'uniformes, d'armes, d'ambulances et d'un matériel de transport. Plusieurs « centuries » ont pris part, en uniforme, aux manifestations communistes qui se sont succédé au cours de l'été de 1927 (2). Le dernier dimanche de février 1928, une mobilisation partielle, par auto-camions, de ces forces révolutionnaires s'effectuait sous Paris, à Bagnolet.

Pour faciliter l'utilisation par l'armée rouge des compétences militaires des adhérents au Parti communiste, un tout nouveau modèle de carte d'adhérent vient d'être distribué aux communistes inscrits qui doivent y consigner toutes les indications concernant leur situation militaire. Le Parti peut ainsi utiliser ses membres dans l'armée révolutionnaire conformément à la formation qu'ils ont reçue dans l'armée régulière et en raison même de leur capacité technique. En outre, si tous ces renseignements sont

(1) *L'Humanité*, 20 mars 1928.
(2) Voir mon étude sur les ouvriers de Paris et de la banlieue, *Sous la griffe de Moscou*, qui paraîtra prochainement.

envoyés, comme il est vraisemblable, à Moscou, le grand état-major soviétique peut en induire les lignes principales tout au moins de notre plan de mobilisation et les communiquer à une autre Puissance étrangère, par exemple à ses confrères et alliés de Berlin (1).

La puissante organisation révolutionnaire du communisme international s'étend donc, de plus en plus, sur Paris et sur la France entière.

Existe-t-il dans la classe ouvrière des éléments capables de discerner le mal, ses causes, ses remèdes, et décidés à faire front contre l'ennemi ?

L'étude de deux grands centres ouvriers de province, au voisinage de la vallée du Rhône et sur les dernières pentes méridionales du Plateau Central, nous permet d'apporter les éléments d'une réponse à cette grave question.

Nous verrons qu'à Romans-sur-Isère et à Decazeville, comme ailleurs, l'invasion rouge s'étend, menaçant de tout submerger. Mais j'y ai trouvé une poignée d'ouvriers catholiques et royalistes : plus nombreux en d'autres régions et, du reste, nouveaux convertis dont la troupe ne cesse de grossir, ils appartiennent à cette génération qui monte, avertie du péril, ayant une notion claire des remèdes. Ils se préparent à renouveler notre société française en la reconstruisant sur les seuls principes religieux, politiques et économiques, qui soient capables d'assurer l'ordre dans la paix et la prospérité.

(1) *Le Matin*, 14 mars 1928.

Ouvriers catholiques et royalistes

CHAPITRE PREMIER

ROMANS-SUR-ISÈRE

—

§ 1. — *Une fabrique de chaussures.*

Sept heures sonnent : les groupes d'ouvriers et
d'ouvrières, de jeunes gens et de jeunes filles, qui
s'étaient formés aux abords de la fabrique, en
gagnent lentement la porte. Un dernier regard
sur le ciel éclatant de lumière de cette matinée
d'été, une dernière bouffée de l'air vif que nous
soufflent, à travers la vaste plaine, les montagnes
voisines, et, me joignant à la centaine d'ouvriers
de la manufacture de chaussures où je suis embauché, j'en franchis le seuil à mon tour.

Un homme pointe les entrants. Chacun se

dirige dans le coin des ateliers où les vêtements de travail sont accrochés à des patères. La casquette gardée, le veston enlevé, l'homme passe un tablier bleu, ou un gilet de lustrine à manches, ou bien veste et pantalon de toile bleue, et va gagner sa place, derrière une machine ou une table. Dans l'atelier qui leur est réservé, les ouvrières font disparaître sous une longue blouse leur robe-chemise.

Je vais m'asseoir sur un tabouret, près d'une table basse, tout contre un casier mobile chargé de chaussures. Avec un morceau de verre, je gratte les taches que le cuir des semelles peut présenter et je le passe ensuite au papier-émeri. Puis, sur les *lisses*, c'est-à-dire sur la facette oblique que les bords inférieurs de la semelle présentent, j'étends de la cire amollie au feu d'une petite lampe et, armé ensuite d'un fer chaud, j'étale cette cire et la frotte pour la rendre polie et brillante. Et ainsi, tout le jour, dans le ronronnement monotone des courroies et poulies qui actionnent les machines-outils.

Des *coupeurs* ont commencé par tailler, sur des patrons de zinc, le cuir des *tiges* de chaussures. On en a recouvert les *formes* en bois, que les *formiers* ont préparées d'après le modèle à la mode. Les *coupeurs de presse* ont découpé avec une presse mécanique les semelles, bouts, contreforts, etc. Les *piqueuses* ont assemblé toutes ces pièces. Les tiges une fois fabriquées, la fabrication du *pied* a commencé : l'*arrêteur* a fixé les tiges avec la *machine à tirer en lon-*

gueur ; puis, le *monteur* a fixé les bords de la tige au moyen de la *machine à monter* et les bouts au moyen de la *machine à monter les bouts*. La chaussure est alors passée à la *rabatteuse après montage* et à la *machine à coudre la trépointe* (petite bande de cuir cousue au bord de la *gravure*) ; elle a reçu le *garnissage* et le *cambrion*, a été présentée à la *machine à poser les semelles*, à la *machine à brocher et gravurer sur forme*, à la *machine à petits points*. Une autre machine a fixé le talon ; une autre, les chevilles ; la *fraise à talons* et la *fraise à lisses* ont terminé talon et semelle. Les chaussures arrivent alors au *finissage* où je travaille et y subissent diverses petites opérations, dont le *verrage* et le *ponçage* des semelles, qui m'incombent, et le *bichonnage*, avant de passer au service de la *mise en boîtes* pour les expéditions.

En 1914, les salaires variaient entre 0 fr. 15 et 0 fr. 70 l'heure ; ils varient actuellement entre 1 fr. 10 et 4 fr. l'heure. L'indice d'augmentation des salaires varie entre 4,5 et 10,7. L'indice moyen est 8. Les salaires, dans cette industrie, ont donc beaucoup plus augmenté que le coût de la vie dont l'indice est de 6 (1). Les travaux les moins payés sont ceux d'aide-poseur de talons, 1 fr. 10 l'heure, et de poseuse d'œillets, 1 fr. 70 ; le salaire maxi-

(1) Au cours de l'automne de 1927, l'indice a fléchi jusqu'à 5 pour remonter presque jusqu'à 6 en mars 1928. « C'est le printemps ! La sève monte. Les prix aussi » (*L'Œuvre*, 20 mars 1928).

mum est attribué à la broche des semelles et
à la pose des talons : 4 fr. l'heure. Les méca-
niciennes gagnent 2 fr. 30 et 2 fr. 40 ; les piqueuses, 2 fr. 65. Le monteur à la machine
gagne 3 fr. 90 ; l'arrêtage et la couture des
trépointes sont payés 3 fr. 60 ; la mise en boîte,
2 fr. 40 ; le bichonnage gagne 2 fr. 50 à 3 fr. 75 ;
le verreur de talons, 3 fr. 10. Comme salaire
de début, je suis payé, à l'heure, 2 fr. 10, soit,
pour la journée de huit heures, 16 fr. 80, ce
qui fait 100 fr. 80 par semaine de 48 heures.
Mais un ouvrier moyen gagne couramment
24 à 28 fr. Il doit fournir un certain nombre
de pièces et touche une prime s'il le dépasse.
Un jeune homme de 17 à 18 ans peut gagner
de 20 à 30 fr. par jour, se faisant ainsi des semaines de 120 à 180 fr. L'industrie romanaise
de la chaussure a organisé, en outre, un service
de sursalaires familiaux : les allocations varient
entre 20 et 200 fr. par mois suivant que l'ouvrier a de un à six enfants à sa charge.

Malheureusement, beaucoup parmi ces ouvriers de la chaussure dépensent facilement l'argent qu'ils gagnent, dissipant leurs forts salaires
en plaisirs matériels immédiats. Beaucoup viennent à bicyclette à l'usine, bien qu'elle soit
à proximité de leur demeure. Plusieurs ne se
refusent pas l'achat de chaussures de luxe,
qu'ils paient en fabrique 125 fr. Cependant,
les jours ouvrables, leur tenue est fort négligée :
rares, ceux qui viennent à l'atelier avec cra-
vate, faux col et chapeau ; leurs vêtements

sont presque toujours très usagés, voire rapié-
cés. Mais, à la sortie de l'usine, beaucoup s'arrêtent dans les cafés pour prendre un coûteux
apéritif — 1 fr. 25 — et, presque toujours,
le nocif apéritif à l'anis, la « verte » d'après-
guerre, dont les adolescents contractent l'impérieuse et funeste habitude.

Le métier s'apprend vite et facilement :
les machines sont, en général, d'un maniement
commode et peuvent être confiées à des manœuvres spécialisés en peu de temps ; beaucoup
sont conduites par des jeunes gens de 16 à
18 ans ou par des femmes. Mais certaines tâches
exigent, au contraire, beaucoup d'habileté ou
même ne peuvent être confiées qu'à des cordonniers de profession.

C'est un métier propre et sain. La bonne
odeur de cuir flotte dans l'atelier. Le travail
n'exige pas d'efforts physiques. La plupart
des ouvriers sont peu musclés ; plus d'un adolescent est même d'apparence malingre.

La tâche qui m'est dévolue au « finissage »
exige un certain doigté qui, d'ailleurs, s'acquiert
assez rapidement, de l'attention et de l'adresse :
pour préparer les « filets » sur les « lisses »,
il faut enduire celles-ci de cire ; encore convient-
il de la doser avec assez de précaution pour qu'aucun excédent ne déborde sur la semelle nettoyée
et ne la salisse ou ne fasse des bavures sous la
pression du fer chaud. Le filet terminé, je badi-
geonne d'une solution d'acide les semelles ;
mais, seuls, les poils du pinceau doivent être

trempés dans la solution et non la lame de
métal qui les fixe au manche, parce que la réaction de l'acide sur le métal altérerait la solution qui laisserait des traces sur le cuir ; de
même, dois-je veiller à n'en laisser tomber
aucune goutte sur les tiges qui garderaient des
marques de brûlure.

Parfois, je suis chargé de « déshabiller »
et « bichonner » plusieurs lots de chaussures.
La partie supérieure de chacune d'elles, pour
que la semelle subisse les dernières prépara-
tions, a été enveloppée de papier et de toile
fixés, par la couture de la semelle, entre l'em-
peigne et la tige. La chaussure doit être dépouil-
lée de cette double enveloppe pour recevoir
une couche de couleur rouge sur le bord supérieur de la semelle, puis pour être « bichonnée »
et subir divers soins avant la mise en boîte.
Le déshabillage consiste à déchirer la toile,
à enlever le papier et, la toile rabattue en dehors,
à passer sur sa ligne d'insertion la lame effilée
d'un petit tranchet, élégant comme un bistouri :
travail simple, mais délicat, car, si la lame du
tranchet n'est pas tenue soigneusement tournée vers le dehors, elle coupera le cuir de la tige :
« Et la chaussure est terminée. Elle vaut cent
francs ! » souligne le contremaître en me met-
tant en garde contre cet accident.

La chaussure « déshabillée », je passe de
la couleur sur le bord du talon et de toute la
semelle, si elle a été passée « à la roulette », et
seulement sur le bord du talon et de la cam-

brure de la semelle si elle a été piquée au fil rouge ou au fil blanc. La couleur étalée, je l'essuie d'un rapide coup de torchon pour enlever l'excédent. Quelquefois, je fais le « bichonnage ». Avec le pouce garni d'un morceau de feutre mince, je nettoie et fais briller le « filet » et la face latérale de la semelle ainsi que le talon : travail fort simple en soi, mais qui doit être fait avec adresse, car il suffit de s'écarter du mince « filet » pour salir la face inférieure de la semelle qui a été blanchie et passée à l'acide ; il ne faut pas y poser les doigts ni même simplement l'effleurer.

La chaussure offre alors un aspect séduisant : elle montre sa coupe élégante, son beau cuir glacé, de nuance rouge, ou fauve, ou mastic, ou brune, ou noire ; parfois, elle assemble des cuirs de deux couleurs ; tantôt son dessin est sobre et tantôt compliqué de festons, de cuirs rapportés qui simulent des brides, des talonnières, ou forment des découpures variées. Tous ces modèles de confection semblent sortir de chez le bon faiseur, le bottier à la mode, chez qui elles coûtent deux et trois fois plus cher.

Le miracle du bon marché, la diffusion dans une vaste clientèle, même populaire, des modèles élégants, un certain luxe mis à la portée du grand nombre, sont la conséquence de la fabrication en série, de l'industrialisation, c'est-à-dire de la substitution d'une extrême division du travail et de l'emploi de coûteuses

machines à la production personnelle et manuelle de l'artisan. Mais il en faut prendre son
parti : le régime de l'usine s'impose parce que
cette production exige des capitaux considérables, la concentration de la main-d'œuvre et
sa répartition entre une multitude de petites
tâches particulières, le salariat et le patronat
et toutes leurs conséquences, avantageuses ou
funestes. Ces dernières souffrent un remède
et un seul, le régime corporatif, qui, déjà nécessaire à l'artisan et à son petit atelier, est rigoureusement indispensable à la grande industrie sous peine de l'effondrement de tout le
système social dans le socialisme ruineux,
tyrannique et imbécile.

Le contremaître est un homme fort entendu
et qui a l'œil à tout ; un fort brave homme,
d'ailleurs, bienveillant, en excellents termes
avec ses subordonnés. Un jour, il me fait laisser des « filets » pour le « déshabillage » d'un
lot de chaussures réclamé d'urgence : « Soufflez
votre lampe à alcool (1), me recommande-t-il.
Il est inutile qu'elle continue de brûler. Il faut
prendre les intérêts de la maison comme s'ils
étaient les vôtres. » La conscience professionnelle l'exige : mais combien l'éducation religieuse et l'organisation corporative n'aideraient-
elles pas à la former et à la développer !

Et quel profit n'en tirerait pas la conscience
morale des apprentis ! Sortis de l'école laïque

---

(1) Qui sert à amollir la cire destinée aux « filets ».

dont ils ne peuvent que pratiquer les leçons, et, quelques-uns peut-être, de l'école chrétienne dont tout conspire à leur faire oublier l'enseignement, les jeunes, abandonnés à eux-mêmes, se gâtent entre eux. Un de ces adolescents dit, un jour, à un autre, sur le ton de la confidence heureuse : « La grosse Marie (une des ouvrières)..., elle m'a touché la main !... » Une autre fois, l'un d'eux dit à son camarade, en parlant d'un troisième : « Léon va me payer l'apéritif. » Ils imitent leurs aînés. Ce ne sont entre eux, au vestiaire, que gestes polissons, propos, bousculades et attitudes de gamins vicieux. Aucun des adultes présents ne leur fait jamais la moindre remarque, ne leur adresse observation ni réprimande. Il semble que ce soit chose la plus naturelle du monde, admise, reçue, au moins tacitement tolérée. « La laïque » a fait son œuvre sur l'enfant en le tenant pour le moins dans l'ignorance des préceptes divins et des pratiques pieuses qui aident à leur obéir : l'usine complète sur l'adolescent la déformation ou la malformation première. Tous ces jeunes grandissent sous la loi des instincts, qui est toute la morale « naturelle » ou « humaine » enseignée par notre société « émancipée », et tous retombent, soi-disant « affranchis », sous le joug si dur et dégradant que le christianisme avait brisé. Le christianisme développe l'homme dans l'animal humain. Le « laïcisme » développe dans l'homme l'animal humain, qui est de tous le pire. Demain, l'école unique et mixte, suivie de l'école professionnelle d'Etat, ressuscitera pour l'universaliser la « porcherie » de Cempuis. Le bolchevisme moral prépare le bolchevisme intégral. Par la République, gouvernement corrompu et corrupteur, le Pouvoir occulte, au service de la conjuration judéo-maçonnique contre le monde chrétien, pourrit les nations qu'il veut ruiner, détruire, asservir.

Et cependant, dans son ensemble, le personnel de la fabrique est d'apparence convenable ; il se montre docile et laborieux ; on n'entend pas, parmi les adultes, de mots grossiers ; les femmes et jeunes filles se tiennent à l'écart des ouvriers. Cette usine est une des rares où le patron prenne souci de sélectionner son personnel et de le surveiller ; la contremaîtresse des ouvrières est une femme intelligente, pieuse, pleine d'autorité et qui tient la main à ce que les convenances soient sauves. Parmi les ouvriers, plusieurs fréquentent l'église et le patronage. Il en résulte un niveau moyen de moralité qui reste, à Romans, une honorable exception. L'état général de la classe ouvrière romanaise est peu satisfaisant ; l'esprit matérialiste et révolutionnaire domine ; dans la plupart des fabriques, les ouvriers sont socialistes, communistes, « mangeurs de curés », et plus d'un patron les traite avec égards et même leur accorde ses faveurs parce qu'il les craint. A une vitrine de bureau de tabac, parmi les livres offerts en vente, je remarque *Les garçonnes d'usines*,

avec, sur la bande, ce commentaire : « Nuques
rasées, veste collante, mains aux poches, cigarette au bec, comme les hommes ! » Sauf la
cigarette, c'est là un type assez fréquent de
jeune ouvrière dans la plupart des autres fabriques. Leur personnel se renouvelle facilement.
Il est, au contraire, stable, parce que sélectionné,
dans l'usine où je suis embauché. Plusieurs de
mes camarades me disent : « C'est une maison
où le travail n'arrête pas. On n'y chôme jamais.
Et puis, quand on y est, c'est pour longtemps...,
le patron ne vous renverra pas... » Le contremaître me vante la sécurité qu'y trouvent les
bons ouvriers : « Vous pouvez vous faire une
situation ici... »

Cinq minutes avant que sonne l'heure de la
sortie, chacun va se laver les mains et s'habiller,
puis nous nous groupons près de la porte : dès
qu'elle s'ouvre, le flot gagne la rue en silence et
chacun se hâte chez soi. Le travail commence
le matin à sept heures et cesse à midi ; le soir,
à deux heures pour finir à six, sauf le samedi où
nous disposons de l'après-midi et le lundi matin
où l'atelier n'ouvre qu'à huit heures. Quand je
m'y rends, le matin, j'assiste au petit lever des
montagnes dont la longue falaise sort peu à peu
du voile de légère gaze bleue dont elle avait
enveloppé ses flancs. A midi, à deux heures,
le ciel resplendit comme une fournaise. Sous
ce brûlant climat d'été, la morsure du soleil
est impitoyable. Dans le ciel cru, violemment
éclairé, s'allonge au loin, barrant l'horizon, la

ligne des montagnes, leur falaise d'un gris bleuté, lumineux, et, tout près de moi, les arêtes des toits se dessinent d'un trait fin et dur, aigu et brutal ; les tuiles, rouges, roses ou grises, contrastent avec l'émail bleu ardent de l'espace. On respire l'odeur du sol calciné. Plus d'un jeune ouvrier, par mode, porte des lunettes teintées, avec monture en fausse écaille. Innombrables, les bicyclettes ! Un de mes compagnons hausse les épaules : « Ils ont cinq à dix minutes de chemin à faire à pied pour venir de chez eux et ils se servent de bicyclettes ! C'est un genre !... » Comme les lunettes d'écaille ! Quelques ouvriers passent même sur leur motocyclette ou en side-car. Un certain nombre, hommes ou femmes, ont des dents avec couronnes d'or : progrès considérable-et-bienfaisant qui montre, une fois de plus, la nécessité des hauts salaires, puisqu'ils permettent de donner au corps les soins qu'il réclame ; avant la guerre, ce n'était, chez les ouvriers et paysans, que bouches édentées et dents cariées.

Le souci du pain quotidien et des choses les plus nécessaires, l'inquiétude du travail qui les procure, dominent toute la vie ouvrière, même dans les périodes comme celle que nous traversons où le travail est abondant et bien payé. Au vestiaire, un homme se préoccupe des conséquences de la mauvaise récolte de légumes et de blé et du mauvais état des vignes : « Tout est déjà si cher ! Qu'est-ce que ça coûtera, c't'hiver ! » Il ajoute : « Si vous en connaissez qui n'ont pas de travail, ils peuvent aller à la tuilerie. *Ils* (les patrons) en prendraient bien une dizaine, et *ils* paient 2 fr. 80 l'heure. C'est bon, ça ! » Le lendemain, le même ouvrier exprime encore son inquiétude de l'état des récoltes : « La terre est trop sèche. Dire que la livre de haricots verts coûte plus cher que la livre de viande ! Qu'est-ce que ça sera, cet hiver ! Il en faudra, de bons salaires, pour pouvoir manger !... J'ai un bout de jardin : c'est autant de légumes de moins à acheter. Ils ne me coûtent pas cher parce que je ne compte ni mon temps ni ma peine : j'y travaille à mes moments perdus... »

Un jour, sortant de l'atelier en même temps qu'un de mes voisins de travail, un homme d'une cinquantaine d'années qui fait à la main les talons, je lui offre l'apéritif qu'il accepte aussitôt. Assis dans les confortables fauteuils de paille d'une terrasse de café voisine, nous commandons, lui, un anis, moi, un cassis : « Ah ! s'écrie-t-il, le patron a les reins solides ! Mais combien de fabriques, à Romans, ne marchent qu'avec les banques ! Et les banques prêtent à 10 ou 12 pour 100. Alors tous les bénéfices, c'est les banques qui les encaissent. Le patron, il lui reste son salaire... son traitement... quoi ! ce qu'il a prélevé pour se payer de sa peine et vivre. Si ce n'est pas la banque qui le tient, c'est le marchand de cuir chez qui il se fournit à crédit... Alors... vous comprenez... avec les traites qui arrivent... le petit fabricant peut travailler pendant dix ans, il n'est pas plus riche, il est toujours au même point... Et, qu'il survienne une crise, il ne peut faire face à ses engagements et il saute !... Il vaut mieux commencer petitement, marcher doucement et grandir lentement... » Je suis frappé par la connaissance des affaires que montre mon compagnon et par sa sûreté de jugement. Mais j'en suis moins surpris lorsqu'il m'apprend qu'il a été établi pour son propre compte, autrefois : petit artisan, cordonnier de village, il a été mis au courant de tout ce mécanisme élémentaire des affaires que l'ouvrier ignore. Il a quitté son petit atelier parce qu'il n'y gagnait plus sa vie. L'industrialisation de la fabrication des chaussures a ainsi amené la transformation de petits patrons, d'artisans, en salariés.

Un autre jour, nous nous attablons encore à une terrasse de café. Il commande son anis. Il tâche de m'expliquer que la vie chère ne cessera que lorsque le gouvernement aura « mis un frein » à la hausse des prix du commerce. C'est l'explication enfantine, mise en circulation par les journaux à grand tirage, de la vie chère uniquement causée par les « mercantis ». Quand il m'exposait les difficultés avec lesquelles sont aux prises les fabricants qui ne marchent qu'avec les banques, il savait de quoi il parlait, faisant appel à sa propre expérience : ses paroles produisaient des réalités matérielles. Mais le problème complexe des grands phénomènes éco-

nomiques d'une vie nationale troublée par les
conséquences de la guerre le dépasse ; les données mêmes du problème lui échappent ; ses
paroles répètent des paroles ; il récite les formules des journaux populaires, répétées de
bouche en bouche, par imitation. « Ce n'est
pas, ajoute-t-il, parce que l'impôt que paie le
commerçant ou le propriétaire a doublé qu'ils
ont raison de doubler le prix de la marchandise
ou du loyer... » Mais l'impôt n'est qu'un des
multiples facteurs de la hausse : montée, cons-
tante en cette période-là, des devises étrangères,
coût progressivement croissant des matières
premières, déficit budgétaire, balance commer-
ciale, d'autres encore. La connaissance de tous
ces éléments et de leurs répercussions, de leurs
rapports et réactions avec les faits purement
politiques, déjà difficile pour les hommes d'Etat
et leurs conseils de techniciens, échappe même
aux citoyens cultivés, à plus forte raison à la
multitude ignorante qui, cependant, dans un
régime où le gouvernement dépend de l'élection et des mouvements d'une opinion passionnée et aveugle, reste toute-puissante pour en
troubler le fonctionnement.

Un autre camarade — homme d'une quarantaine d'années — que j'invite, une autre fois,
à la sortie, à prendre l'apéritif, refuse : « J'ai
l'estomac malade. Il faut que je m'abstienne.
Ça s'améliore. Alors, je dois me surveiller pour
ne pas retomber malade. » Voilà un homme
raisonnablement fidèle aux prescriptions d'un

régime que l'expérience lui révèle bienfaisant.

L'Assomption tombant un dimanche, le lundi est légalement jour férié. Pour satisfaire à des commandes nombreuses et pressées, le patron désire nous faire travailler le lundi. Un certain nombre d'ouvriers acceptent cette offre, d'autres la repoussent. Le patron imagine alors de nous laisser chômer le lundi, mais de nous demander une heure supplémentaire chaque jour jusqu'à ce que les huit heures du lundi soient récupérées et sans que le repos de l'après-midi du samedi soit supprimé. Cette proposition réunit tous les suffrages. Les tractations ont eu lieu très simplement : le contre-maître en parlait, à droite et à gauche, avec les anciens, recueillait leur avis qu'il portait au patron dont il transmettait, en retour, les propositions ou décisions. La difficulté a été résolue, sans fracas, par la voie hiérarchique. Des cas plus compliqués ou plus graves eussent relevé du Conseil corporatif qui les aurait examinés et réglés. Mais où est-il, ce gouvernement du Métier par les gens du Métier ?

Quelques rares compagnons n'ont cependant pas goûté la combinaison. Dès le mardi matin, un ouvrier me dit : « Nous allons faire cette semaine une heure de plus par jour. Ils me font rire, avec leurs heures supplémentaires ! Je ne m'aperçois pas que j'en sois plus riche à la fin de l'année !... —Mais la production de l'usine est accrue... — Ah ! pour ça, oui ! Ils gagnent davantage... » En effet, plus les machines tournent et travaillent, plus le capital qu'elles représentent produit. La prospérité de l'entreprise et de la profession en dépend. Et c'est l'intérêt de tous ceux, y compris l'ouvrier, qui vivent de la profession : plus elle est prospère, plus les salaires peuvent s'élever. Mon interlocuteur ne le voit pas. Il n'a pas le sentiment d'être lié à la vie professionnelle parce qu'effectivement il ne lui est pas relié comme il devrait l'être et comme il le serait dans l'organisation corporative de la profession : le Conseil de la Corporation pourrait exiger de chaque patron le versement à la caisse commune d'une somme proportionnelle à la productivité de l'usine ; le salarié participerait ainsi à l'accroissement des bénéfices, à la fois par l'élévation des salaires et par l'élévation des avantages pécuniaires qu'assurerait la fortune collective du Métier. Quant à la réflexion de mon compagnon sur l'inutilité des heures supplémentaires pour accroître son gain, elle est enfantine et même stupide : plus il travaille, plus il est payé et plus il gagne, c'est évident.

Nous arrivons donc à l'atelier une demi-heure plus tôt que de coutume, le matin, et nous en partons une demi-heure plus tard, le soir. Un ouvrier — qui paraît âgé de cinquante à cinquante-cinq ans — a manifesté silencieusement son mécontentement en n'arrivant, deux jours de suite, qu'à l'heure ordinaire.

Cette heure supplémentaire nous a ramenés à la journée de dix heures. J'ai constaté, une fois de plus, qu'elle est pénible à supporter : on sort de l'atelier vraiment fatigué. Une journée normale ne doit pas dépasser le maximum de neuf heures.

Plusieurs de mes camarades de travail se plaignent de la chaleur qui règne, au cœur de l'été, sous les verrières de l'atelier et de son aération médiocre. « Il suffirait, me dit l'un d'eux, de mettre des ventilateurs ; ça ne coûterait pas plus cher puisque les machines marchent à l'électricité... » Il ne songe pas un instant à la consommation d'électricité par les ventilateurs. La question de l'amélioration des conditions matérielles du travail n'en reste pas moins posée. L'intérêt du patron comme de ses ouvriers est de réduire la fatigue des travailleurs et d'en obtenir, contre un moindre effort, un rendement égal ou même supérieur. L'organisation de la profession en un Corps rendrait singulièrement facile aux intéressés d'exprimer leurs sages désirs et aux chefs de la profession d'ordonner de les satisfaire.

Les décisions et le contrôle corporatifs apporteraient force et efficacité aux tentatives de trop rares patrons isolés pour moraliser et instruire leur personnel. Je n'ai pas eu l'occasion de noter de mauvaises lectures, mais des lectures d'une rare insignifiance. Un jeune homme de dix-sept ans qui travaille au finissage lit avec avidité, tout en cassant la croûte, une livraison populaire : *Histoires de Peaux-Rouges*. Ce jour-là, il dévorait avec son pain un blanc de poulet, quelque volaille de la basse-cour de ses parents, qui habitent la campagne aux abords de la ville, ayant été tuée ; c'est un vrai morceau de roi, car mes compagnons se contentent, d'habitude, de pain et de fromage ; les vieux apportent aussi, matin et soir, un quart de litre de vin rouge dont ils prennent une lampée, de temps à autre ; parfois encore, ils prisent un peu de tabac. Le jeune apprenti, un autre jour, lit *Les aventures du boxeur* : « paraît le dimanche, dix centimes ». « C'est donc bien intéressant ? » demandé-je. Ses yeux brillent ; il fait — oui — de la tête, énergiquement, et : « J'en ai, chez moi, déclare-t-il, une pleine caisse ! » Ces récits d'aventures sont, sans aucun doute, de beaucoup préférables aux publications pornographiques, mais ne fournissent qu'un aliment bien misérable à de jeunes intelligences capables de s'instruire et souvent avides d'apprendre, toujours si ignorantes des vérités humaines et divines les plus nécessaires. Ainsi le Peuple souverain se prépare-t-il à son rôle de Seigneur de la paix et de la guerre, de maître des gouvernants et faiseurs de lois. Pauvre souverain ! Pauvre pays qui n'a pas d'autre souverain !

Cette basse littérature à bon marché, basse ou perverse, sévit dans les milieux populaires. Comme j'achetais, au bureau de tabac, des timbres, entre une jeune ouvrière, une adolescente, en cheveux coupés courts et vêtue d'une robe qui n'était qu'une sorte de chemisette raccourcie par tous les bouts. Elle tombe en arrêt devant une table chargée de brochures : « Je voudrais un

roman, dit-elle. — J'en ai là... », fait, empressée,
la patronne, lui désignant une autre vitrine,
« ...en plus beaux volumes. — Non, c'est trop
long à lire. J'aime mieux en acheter plusieurs... »
Devant elle s'étalent, aux prix de 25 et 60 centimes, *Le triomphe de l'amour*, *Enfin seuls*, *La
faute de l'aimé*, *Le cœur qui doute*, *L'erreur du
cœur*, d'autre encore. Un de ces petits volumes
choisi, elle paie et s'en va. Elle reviendra. Elle
a dit qu'elle en achèterait plusieurs.

§ 2. — *Logis et restaurants. Budget.*

Arrivant à Romans à la fin d'une belle journée d'été, j'avise, dans le quartier neuf que
traversent deux larges avenues, un modeste restaurant ouvrier où je dîne pour cinq francs (1). Le
prix de pension est de neuf francs pour la nourriture. La patronne n'a plus de chambres à louer ;
mais elle m'indique, dans une petite rue voisine,
un épicier qui dispose de quelques chambres.
Je m'y rends : il ne lui en reste aucune qui soit
inoccupée ; un de ses locataires part, mais seulement dans huit jours. Il me donne l'adresse
d'une maison, non loin, où se louent plusieurs
chambres meublées. Mais, là aussi, j'apprends
qu'elles sont toutes prises. Aussi, ce premier
soir, vais-je dormir dans un très modeste hôtel
où l'on me fait payer sept francs par nuit.

(1) Soupe, pâtes, bifteck, fromage, un demi-litre de vin
rouge du pays, agréable et frais, pain à discrétion.

Une partie de la journée du lendemain se passe
en recherches : comme partout en France, les
logements disponibles sont rares. La patronne
de la pension me donne une nouvelle adresse et
un passant, qu'elle connaît et qu'elle interpelle,
lui en fournit encore une autre. La première est
celle d'un cordonnier, dans la vieille ville : là,
tout est loué. Il m'indique un marchand de
confections qui, lui aussi, n'a plus de chambre
libre. A la seconde adresse, je trouve un cabinet
disponible, au second étage, sous le toit, éclairé
par un vitrage aménagé dans le plafond et fixe ;
pour aérer, il faut ouvrir l'imposte pratiquée
au-dessus de la porte. La pièce, qui mesure moins
de trois mètres de côté, est meublée d'un lit,
d'une table de toilette, une autre table, deux
chaises et un petit poêle, le tout d'une saleté
repoussante ; sur le mur, des taches de punaises
écrasées. Le prix est de cinquante francs par
mois. Je demande au propriétaire s'il y a des
punaises : « Mais non !... L'été va finir... Oh !
quand il y en aurait quelques-unes... par exception !... Et puis, on nettoie, chaque semaine...
— Mais ça manque d'air. — Que non ! Voyez
l'imposte !... Et la porte du bas de l'escalier,
sur la rue, est toujours ouverte : l'air vient par
là ! l'air monte !... Tenez ! le cabinet voisin c'est
pareil... et ils sont deux là dedans !... »
En battant le pavé dans la vieille ville, j'avise
sur le panneau d'une boutique un écriteau annonçant une chambre à louer : elle est située
au second étage, sous le toit ; un long escalier

de bois grimpant entre deux murs y conduit.
C'est une chambre très vaste qui, tenant presque
toute la largeur et la profondeur de cette vieille
maison, mesure au moins quatre mètres sur six :
le lit occupe une alcôve obscure ; un poêle aménagé pour la préparation des aliments, une table
de toilette et deux chaises forment tout le mobilier ; les murs noirs et sales donnent à cette vaste
pièce sombre un aspect misérable. La propriétaire la loue 60 fr. par mois. « Et il n'y a pas de
punaises ! » souligne-t-elle.

Je retourne chez l'épicier auquel je m'étais
adressé la veille. Il m'indique une maison du
voisinage, m'y conduit même et, là, je loue pour
un mois, au prix de 50 fr., une mansarde. Au troisième étage, cette petite pièce, de moins de trois
mètres de côté, fort propre, pourvue de l'éclairage électrique, prend air et lumière au midi par
une petite fenêtre carrée, ouverte au ras du sol ;
mais, pour approcher de la fenêtre, il faut se
courber en deux, car cette mansarde est une
sorte de soupente qui mesure, au point le plus
élevé, deux mètres à peine de hauteur et va
s'abaissant jusqu'au mur de la façade. Le mobilier comprend un lit, une petite table, une petite
toilette avec deux serviettes, une chaise, un
porte-manteau fixé au mur. Les cabinets, proprement tenus, se trouvent dans la cour.

La propriétaire se plaint d'avoir à payer une
taxe municipale spéciale de sept francs sur le
prix de location, qui est de cinquante francs. Ces
impôts excessifs, multipliés, redoublés et accrus

indéfiniment, n'ont d'autre cause qu'une mauvaise gestion des finances publiques dont les inévitables effets s'appellent fiscalité dévorante et vie chère. Cette mauvaise gestion et ses conséquences dépendent des erreurs démocratiques, radicales, socialistes, et des institutions républicaines qui en rendent le triomphe fatal.

« ...Et il n'y a pas de punaises ! » souligne la propriétaire. En effet, je n'y trouverai que quelques puces. Elle ajoute : « Chaque soir, une petite lampe est placée au bas de l'escalier. Elle vous évitera de monter ou de descendre à tâtons si vous rentrez tard ou si vous sortez dans la nuit... » Tout est prévu.

Quand je quitterai la ville, un matin, mes propriétaires ne me laisseront pas partir sans m'offrir du café au lait, avec pain beurré, et m'adresser des souhaits aimables.

Chaque matin, en me rendant à l'usine, j'achète chez un boulanger pour 0 fr. 35 un croissant que je consomme avec un café de 0 fr. 60, dans un établissement du voisinage. A la mi-Août, le prix du café est porté à 0 fr. 75. Cette augmentation de prix est due à la fois à la baisse du franc qui a porté l'indice des prix de gros, en juillet, à 8,5 et qui fait maintenant partout sentir ses effets (le cafetier, payant plus cher les objets qu'il consomme, fait payer plus cher ce qu'il vend, même si le prix du café et du sucre est resté le même) et, en second lieu, à l'augmentation des impôts (Poincaré vient de faire voter une dizaine de milliards d'impôts nouveaux). Qu'il s'agisse de finances publiques ou de finances privées, leur mauvais état ne peut s'améliorer réellement que par l'effet de sévères économies. Mais l'Etat républicain est incapable de se priver et de rationner sa clientèle pour réduire ses dépenses : les partis qui montent à l'assaut du pouvoir, poussés par une opinion publique aveugle ou trompée, sont intéressés à prendre part au pillage que la constitution même du régime électif organise. La République dévore les patrimoines privés tout en dilapidant le patrimoine public : elle tend à détruire et même détruit les propriétés particulières (1), les héritages (2), sans profit pour les intérêts publics ; le socialisme est son terme naturel.

Un dimanche, je vais déjeuner dans une pension ouvrière aménagée avec une certaine recherche de confort : tables de marbre, glaces aux murs, papiers au goût du jour et tentures. Une vingtaine de pensionnaires y fréquentent : ouvriers, employés, deux couples équivoques, des femmes probablement vendeuses dans quelque magasin, qui étalent fard, poudre, nuques rasées, bras, épaules, poitrines et jambes, et affectent des manières du grand monde — du grand monde des cabarets de nuit. Un repas isolé

(1) L'impôt absorbe actuellement 40 % du revenu total de la nation.

(2) Pour hériter de son frère une fortune moyenne, un frère doit payer environ 25 % de droits.

coûte huit francs (1), la pension, douze. Les portions sont copieuses et la cuisine est soignée.

Le soir, je dîne dans un autre restaurant ouvrier, plus simple, où se réunissent une demi-douzaine de pensionnaires. La chambre y coûte 60 fr. par mois ; un repas isolé, sept francs ; la pension, dix francs par jour. Les portions sont assez fortes et la cuisine est bonne (2).

Dans une troisième pension ouvrière, le prix est également de dix francs par jour.

Mais je suis resté un habitué de la pension très modeste où j'étais venu le premier soir en descendant du train. La salle et son mobilier sont fort pauvres. Les portions, surtout de viande, sont très petites. Les frais généraux ont cependant été réduits autant qu'il se peut. La patronne aide la cuisinière et sert les pensionnaires pendant que son fils, au comptoir, verse les consommations aux clients de passage. Les consommateurs sont assez nombreux. Presque tous prennent un apéritif à l'anis, qui rappelle le « Pernod » d'avant-guerre. Les jours de marché, quantité de paysans circulent en ville, emplissent cafés et restaurants. Deux ruraux, attablés à ma pension, boivent une bouteille de vin en calculant les prix du bétail et des céréales

(1) Menu : pain à discrétion et une bouteille de vin rouge, saucisson et pâté avec beurre, colin mayonnaise, aubergines sauce tomates, oie rôtie avec haricots verts, fromage, deux biscuits et un raisin.

(2) Menu : potage tapioca, haricots verts, cuisse de poulet aux olives, fromage, gâteaux secs, pain à discrétion et une demi-bouteille de vin rouge.

à la fois en papier et en or. Comme sous la première République, au beau temps des assignats !

Dans le prix de pension — neuf francs — est comprise la soupe, servie le matin à huit heures ; seuls, peuvent en profiter les ouvriers qui travaillent dans le voisinage immédiat et dont la journée, commençant de bonne heure, est interrompue, le matin, pendant une demi-heure, pour une collation qui peut alors être prise au dehors. Les deux repas sont peu copieux (1). On sent que la patronne s'ingénie à réduire, sans cependant mécontenter ses clients, les parts qu'elle leur sert. Je lui demande de me servir, le vendredi, des aliments maigres. Elle s'empresse de me satisfaire. Mes voisins s'abstiennent de toute réflexion.

(1) Voici quelques menus (avec un quart de litre de vin rouge et le pain à discrétion) :

— Radis et jambon avec beurre, œufs brouillés, veau, fromage et fruit.

— Soupe au riz, pâtes, viande froide, fromage.

— Sardine à l'huile et beurre, riz au gras, poulet, fromage, crème au chocolat.

— Soupe aux légumes, pommes frites, tomate farcie, fromage.

— Œuf dur et salade, pommes de terre en ragoût, bœuf aux oignons, fromage, petits gâteaux secs.

— Soupe aux pommes de terre, omelette-crêpe, viande froide avec cornichons, fromage.

— Salade de pommes de terre, oseille aux croûtons, porc frais, fromage, biscuit.

— Concombres et tomates, pommes de terre en purée, civet de lapin, fromage, poire.

— Soupe aux légumes, pommes sautées, civet de lapin, fromage.

Les pensionnaires arrivent toujours en retard,
le soir, pour dîner : les samedi, dimanche et
lundi, parce qu'ils s'attardent à la partie de
boules ; les autres jours, parce qu'ils s'attardent
à l'apéritif. Leurs conversations sont peu abondantes et ne touchent, en général, qu'à des sujets
sans intérêt. Nous sommes une quinzaine de
pensionnaires, entre vingt et quarante-cinq
ans, et, sauf un mécanicien et deux ouvriers
du bâtiment, tous travaillent dans les fabriques
de chaussures. Un des habitués lit *L'Humanité*,
qu'il passe à deux ou trois camarades ; un autre
lit *Le Matin* ; plusieurs *Le Petit Dauphinois*. La
patronne, une Savoyarde, met sur la table *Le
Progrès de Lyon*. Un Romanais ayant péri dans
un accident de montagne, ce fait-divers qui
intéresse plus directement mes camarades de
table provoque à plusieurs reprises d'abondants
commentaires. Le lundi, les conversations portent sur les parties de boules jouées la veille. A
propos des diverses distractions dominicales,
un des jeunes gens déclare qu'il dépense, le
dimanche, sa « pièce de cinquante francs ».
C'est un exemple de leurs habitudes de prodiga-
lité. En voici un autre qui montre leur désir d'un
certain confort : un des pensionnaires — 23 à
24 ans — voudrait trouver pour le début du
mois suivant une chambre plus plaisante que
celle qu'il habite. Mon départ approchant, je
l'emmène visiter la mienne : mais il ne la trouve
pas assez confortable ; il lui reproche d'être trop
basse de plafond et de n'être pas pourvue d'un

placard. Il arrive qu'à plusieurs reprises les pensionnaires évoquent leurs souvenirs de caserne : jamais ils ne font de réflexions anti-militaristes.

Notre petite société s'accroît de deux nouveaux venus, des employés de fabriques, de cinquante à soixante ans, qui prennent place à table à côté de moi. « ... On finira, dit l'un avec un accent d'amertume, par rendre à l'Allemagne ses colonies... — J'accepterais volontiers, répond l'autre, de traiter avec elle pour le maintien de la paix... » Mais son compagnon hausse les épaules, sentant sans doute mieux qu'il ne le sait dire que ce serait un traité de dupes, la source de nombreuses « querelles d'Allemands », et que la « nation de proie » ne saurait traiter avec nous pour la paix que si nous consentions à nous asservir à ses ambitions impérialistes et à les servir, armes à la main, comme vassaux fidèles, jusqu'à ce que, faisant de nous son marchepied, elle ceigne la couronne du Monde (1).

Deux pensionnaires prennent leur apéritif — de l'anis — avant le dîner. L'un s'écrie : « Les socialistes et les communistes, les voilà qui vont faire la fusion ! — Mais non ! proteste l'autre. — Si ! si ! vous verrez : ils la feront et on ne parlera plus du Cartel ! » Même s'ils ne fusionnent pas, les socialistes et les communistes, par la

---

(1) En 1905, alors qu'Abd-ul-Aziz régnait sur le Maroc indépendant, un Allemand de Münich, officier de réserve, monté à Safi sur le bateau qui m'emmenait à Mogador, me disait : « L'Allemagne alliée à la France, oui ! nous deviendrions les maîtres du monde ! »

doctrine, ne font qu'un même bloc ; ils ne diffèrent que par le choix des moyens à mettre en jeu pour atteindre le même but, par la rivalité qui opposerait deux équipages de pirates avides du même butin. Quant au Cartel (ou Concentration), avoué ou non, plus ou moins réalisé vers le centre ou vers l'extrême-gauche suivant les circonstances, il subsistera toujours : les diverses fractions du parti républicain ne représentent dans ce parti que des nuances et, dans la vie de ce parti, que les diverses étapes de son évolution commandée par ses principes.

Les deux employés de fabriques disent, un jour, avec un air de vive satisfaction : « Il n'y a pas un chômeur en France, pas de chômage du tout ». On ne pourrait être satisfait que si cette absence de chômage n'était pas due à une cause anormale et désastreuse, la chute du franc, devenue si rapide et si profonde au cours de l'été de 1926, tandis que le redressement ultérieur du franc, si nécessaire, devait amener le chômage redouté. Mais ils ne discernent aucune de ces causes, aucun de ces dangers. Ils sont le Peuple Souverain : l'Aveugle.

Ce que l'ouvrier — comme tout citoyen, à quelque classe qu'il appartienne — voit nettement, ce sont les mesures gouvernementales dont il subit personnellement les effets : mais, de lui-même, il est rarement capable de remonter aux causes et de préciser le remède. Un des ouvriers de la pension se plaint vivement parce que ses impôts ont passé de 8 à 70 fr. : il n'essaie même pas de rechercher les raisons de cette fiscalité spoliatrice.

Un soir, deux autres habitués du restaurant se plaignent que la pêche soit empêchée sur sept kilomètres de longueur par le monopole d'un adjudicataire. Ils racontent que de nombreux braconniers ne tiennent aucun compte de ses droits et, loin de les blâmer, ils s'amusent des tours joués aux gendarmes. Ces braconniers, ajoutent-ils, ne manquent pas de dévaliser les potagers, clapiers et poulaillers des riverains. Mais, aussitôt, un des pensionnaires se fâche : « Ils ne s'y frottent plus à venir chez moi ! Le petit jardin que j'ai acheté, je le surveille ! Un soir que j'étais caché dans ma *guitoune*... ma cabane..., ils étaient venus en barque et étaient descendus chez moi... Je suis sorti et j'ai tapé dessus !... Faites ailleurs ce que vous voudrez, ai-je crié, ça ne me regarde pas, mais je vous défends de mettre les pieds chez moi !... Ils ne sont plus revenus !... » Cet ouvrier cordonnier, s'il est socialiste, n'a pas le respect de la propriété des autres, mais il entend faire respecter la sienne ! L'accession à la propriété est assurément un moyen excellent de faire comprendre l'impor-tance, la légitimité et la nécessité de son inviolabilité. Mais ce serait une erreur de croire qu'il suffit de rendre le non-possédant propriétaire pour assurer à la propriété le respect qui lui est dû. Il n'est que trop fréquent de voir de petits propriétaires — ouvriers, ruraux ou bourgeois — adhérer aux doctrines socialistes. Le socialisme est pour eux le moyen d'agrandir leur propriété, rapidement et sans frais, et de satisfaire les sentiments d'envie, sinon de haine, qu'ils portent à de plus fortunés. Le respect de la propriété — une des pierres angulaires de l'ordre social — suppose une éducation morale, une discipline des désirs et de la volonté qui relève de la religion ; et il exige, en outre, un Etat normalement organisé, dans lequel l'Autorité est assez indépendante et assez forte pour imposer le respect des droits de chacun et la discipline extérieure dont la violation habituelle ou facile livre infailliblement, tôt ou tard, la Cité à l'anarchie.

Mais les braves gens qui m'entourent glissent au courant des idées et pratiques funestes qu'a intronisées, patronnées et répandues, un régime de désordre : les fausses doctrines dont il se réclame pervertissent les esprits, préparent la dissolution du corps social, réalisent la Révolution dans les mœurs en même temps que dans les lois. Même devenus propriétaires, ces ouvriers ne deviennent pas respectueux du droit de propriété : le désordre, qui est partout, est aussi dans leur esprit.

N'a-t-il pas commencé, il y a longtemps déjà, par s'introduire dans leurs âmes pour y ruiner le principe de toute vie individuelle, familiale et sociale ? Des croyances chrétiennes, en eux, il ne reste rien. Aussitôt, s'y développe l'ivraie des superstitions. Les pensionnaires parlent, un jour, d'une femme qui « met les vivants en communication avec les morts » :

« Je n'y crois pas... », dit tout doucement, comme s'il y croyait sans oser paraître en faire l'aveu, l'un d'eux. « ...Mais il paraît qu'il y a des preuves...

« — Alors ! » s'écrie un autre, d'un ton péremptoire et faisant étalage de science, « c'est du spiritisme !... de la métempsycose !...

« — Qu'est-ce que la vie !... » murmure mélancoliquement un troisième, sur un ton las et d'un air désabusé.

« — On dit... », intervient un quatrième, « ...l'âme !... Mais, l'âme... l'âme... on ne sait pas ce que c'est... C'est un mot creux !... »

Leur matérialisme les laisse cogner du nez contre la porte close du mystère ; et comme ils sentent le mystère et ne savent plus ouvrir la porte, ils s'abandonnent ou sont tout prêts à s'abandonner aux superstitions païennes, fétichismes de nègres et mystifications de charlatans.

Mes dépenses strictement nécessaires comportent encore celles du blanchissage (1), qui ne peut s'élever à moins de 2 fr. 35 par semaine, du coiffeur (2) et du bain.

---

(1) Par exemple : 1 chemise. . . . .   1 fr.
        1 gilet de flanelle   0,50
        1 caleçon.   0,50
        1 mouchoir   0,15
        1 paire de chaussettes . .   0,20
            Total.   2,35
(2) Une barbe coûte 1 fr. 25 et une coupe de cheveux 3 fr.

La municipalité radicale-socialiste a installé des bains-douches dans une petite chapelle de couvent volé par l'Etat en vertu de la loi de 1901 contre la liberté d'association religieuse. La Révolution a recommencé à commettre au début du xxᵉ siècle, sous le couvert d'hypocrisies légales, les spoliations dont elle avait déjà, à la fin du xviiiᵉ siècle, rendu victimes, dans les violences et l'effusion du sang, l'Eglise et les ordres religieux.

Un bain en baignoire coûte 2 fr. 50 ; une douche avec savon, deux serviettes et le pourboire, revient à deux francs. Cet établissement rend les plus grands services ; il est très fréquenté. Mais ce n'est pas à la Ville que devrait incomber le souci de créer ou d'entretenir des bains : reconstituées, les Corporations de l'industrie et du commerce s'en chargeraient, sans qu'il en coûtât rien aux contribuables, pour l'usage de leurs associés. La conception des fonctions municipales n'est pas moins altérée, chez nos contemporains, que celle des fonctions de l'Etat. Le même jacobinisme originel engendre, ici et là, le même socialisme. La Cité — ou l'Etat — se charge de toutes les fonctions que des groupes de citoyens pourraient remplir : elles deviennent, aux mains de l'administration municipale — ou d'Etat — autant de moyens de s'assujettir des citoyens qui devraient être libres et d'acheter des électeurs qui se croient souverains. Le budget s'enfle, les impôts croissent sans mesure. Pour conquérir le plus grand nombre de suffrages,

il suffit de promettre aux électeurs des faveurs
dont un petit nombre de fortunés fera les frais.
La démagogie inévitable conduit inévitablement
à la spoliation d'une minorité et à la ruine universelle. Une Ville a pour fonction essentielle
d'assurer un service que des groupes particuliers de citoyens ne peuvent remplir : cette fonction générale, qui répond à un besoin commun à
tous les éléments dont la cité se compose, cette
fonction propre à l'édilité, consiste à procurer à
tous les membres de la cité une belle et bonne
voirie et à leur assurer une excellente police,
des moyens de communication, une sécurité
parfaite pour les personnes et pour les biens.
Mais, comme il arrive dans tous les cas d'altéra-
tions fonctionnelles, les services parasitaires
qui absorbent l'activité des édiles les détournent
de rendre le service essentiel qui leur incombe
et l'on voit partout, à Romans comme dans la
capitale, dans toutes nos villes et tous nos
villages, une voirie archaïque et une scandaleuse
malpropreté.

Le salaire courant des ouvriers de la chaussure
est de 24 à 28 fr. Il est accru par les allocations
familiales.

Mon budget s'établit sur un salaire de début
de 2 fr. 10 l'heure, soit, pour huit heures de travail par jour, 16 fr. 80 ; ce qui fait pour 300 jours
ouvrables 5.040 fr. Le minimum strict de mes
dépenses les plus indispensables est de 600 fr. par

an pour le logement et de 10 fr. par jour pour
la nourriture, soit 3.650 fr. Au total, 4.250 fr.
Il me reste 790 fr., somme insuffisante pour le
vêtement, le linge, les chaussures, le blanchissage
et les menues dépenses.

Mais le gain le plus ordinaire d'un ouvrier
de la chaussure est de 25 fr. par jour, c'est-à-dire
de 7.500 fr. par an. La nourriture et le logement
payés, il lui reste 3.250 fr. En affectant 1.250 fr.
au vêtement et aux dépenses diverses, il lui
reste 2.000 fr. qu'il peut économiser. Marié, le
salaire de sa femme peut s'ajouter au sien. Si
le ménage a des enfants, il touche un sursalaire
familial.

§ 3. — *Aspect de la ville.*

Cernée à l'est par les hautes falaises des Alpes,
une vaste plaine s'étale où coule, encaissée
profondément, l'Isère. Sur les pentes roides qui
mènent aux berges, Romans dispose le lacis de
ses rues étroites, tortueuses, en escaliers parfois,
serrées entre les maisons médiévales. Les quartiers modernes se distribuent le long de deux
avenues de platanes entre la gare et la tour du
jacquemart dont la silhouette se dresse au point
où le sol fléchit et commence à descendre rapidement vers la rivière. Les longues avenues de
platanes, au sol hérissé de cailloux, où le vent
ramasse des nuages de poussière, les innombrables et amples terrasses de cafés où s'attardent,

chaque soir, de nombreux clients en casquette, le ciel d'un bleu ardent, sa violente lumière, marquent déjà la zone du Midi de la France et en accusent le caractère méditerranéen. La petite ville, dans ses parties anciennes ou modernes, avec son aspect poussiéreux et brûlé, son sol caillouteux et rude, ses murailles grises, ses toits plats débordant un dernier étage percé de petites fenêtres carrées, est d'un type plus espagnol qu'italien. L'intimité pittoresque de ses ruelles, l'escalade de ses « Côtes » comme sont appelées les montées plus rudes, coupées de degrés, la rendent curieuse à voir et plaisante à parcourir. Sa vieille et rude église St-Barnard — du nom de l'évêque fondateur de la cité — qui dresse sur le quai ses murailles épaisses comme celles d'une forteresse, dessert une bonne moitié de la population. Une autre église est construite en amont. Devant St-Barnard, un pont enjambe l'Isère et conduit à Bourg-de-Péage, petite ville de 6.000 habitants, à l'aspect de faubourg semi-rural, dont l'église paroissiale n'a que les dimensions d'une grande chapelle.

Romans garde la fière allure d'une cité riche d'histoire. Ses antiques maisons aux rez-de-chaussée trapus où s'ouvre parfois un arc surbaissé ont encore l'air de braver un siège ou un assaut ; une petite porte soupçonneuse bâille sur une cour étroite qu'entourent les arcades d'une galerie portée par des piliers trapus, ou s'ouvre sur un corridor voûté qui s'achève par un *patio* ; on entrevoit les colonnes et les arcs dont s'abrite le promenoir seigneurial. Ou bien, c'est une tour d'escalier à vis, une porte écussonnée, un porche armé de mâchicoulis, qui évoquent d'anciennes gloires ; ou encore une façade percée de fenêtres à meneaux ; ailleurs, un mur noir, qu'on sent épais, robuste, où se risquent quelques fenêtres prudentes ; d'autres façades, gris sombre, s'arment de lourdes grilles qui en défendent les rares ouvertures ; les vantaux des portes se hérissent de gros clous ou, plus récents, se creusent d'élégantes moulures dont la courbe gracieuse évoque la société raffinée et charmante du temps de Louis XV. Sur les petites places, des fontaines versent leurs eaux par la bouche de symboliques dauphins. L'emmêlement des ruelles, sur lesquelles se greffent quelques impasses dont le fond se pare d'un arbre ou d'une vigne, rappelle les vieilles cités arabes, le labyrinthe des repaires sarrasins. Un après-midi de dimanche, j'entends sortir d'un cabaret obscur les sons entraînants de la guitare, ponctués de coups cadencés du talon, de claquements des doigts en manière de castagnettes et d'exclamations gutturales : d'un coup, je revois toute l'Espagne mauresque, toute l'Afrique arabe. Dans la petite salle sombre, une demi-douzaine d'hommes exécutent fougueusement un pas de danse ancienne où l'Orient retrouverait sa grâce passionnée.

Les vieux noms des rues, généralement conservés, ajoutent au pittoresque du lieu : rue de l'escot, rue du bout (... de la ville sans doute, cette rue étant à l'une de ses extrémités), montée

de l'ancienne bouverie, rue sarraillerie (des serru-
riers), rue portefer, petite rue neuve, rue de l'ar-
millerie, rue pérollerie, rue pêcherie, rue bonjour,
rues des degrés, des trois carreaux, des clercs, de
l'écosserie, du fuseau, rue pellisserie, rue puits du
cheval, place aux herbes (la *piazza delle erbe*, si
fréquente en Italie), rues de l'épaule, du cru,
de Loulle, des teintures, de la Pavigne, Fonte-
sort, Lanterne, Folquet.

L'Escalier Josaphat conduit au quai Sainte-
Claire, le long du ruisseau de la Savasse qui tra-
verse et alimente le curieux quartier des vieilles
tanneries : c'est une ruelle à degrés, tortueuse et
en partie couverte par les maisons. Elle s'enfonce
sous une arche surbaissée qui porte une antique
demeure, passe entre des perrons amorcés sur ses
marches et s'achève entre de hautes murailles,
à demi abritée par l'énorme saillie de toits et de
balcons de bois de couleur brun rougeâtre qui font
penser à des maisons turques. Elle finit contre une
rangée de platanes dans les racines plongent dans
l'eau courante et dont les cimes s'épanouissent
inondées de lumière. « ... *Quasi platanus exaltata
sum juxta aquam in plateis... Quasi cypressus
in monte...* » C'est un paysage de l'Orient turc,
une vision d'Asie Mineure. Un ruisseau dérivé
de la Savasse coule le long des maisons, à l'abri
des étages dont des piliers trapus supportent
l'avancée : sous ce couvert, l'eau glisse dans un
murmure ; de l'autre côté du chemin, dans un
conduit à l'air libre, au pied des platanes, elle
court en bruissant ; au delà du parapet, sur son

lit naturel, bruni par le tan, elle chante et fuit. Pas d'autre bruit. Des eaux courantes, un peu de fraîcheur monte dans l'air brûlant. Les hautes maisons, plus silencieuses que des harems mystérieux, bondissent d'un jet : leurs trois et quatre étages s'achèvent par les puissantes saillies des amples balcons de bois noirci où séchaient les peaux et qui semblent des hourds ou bien les galeries hautes des monastères de l'Athos et des demeures d'Anatolie, tandis que les cyprès et les ifs qui, en face, couronnent la crête du coteau, évoquent les paysages turcs. Parfois, ces façades se creusent, à la mode levantine, en loggias à balcons de bois brun rougeâtre, entre deux corps de maçonnerie surplombant le rez-de-chaussée. De l'air, du ciel, des arbres, des eaux courantes dont le chant discret anime l'espace embrasé, les ruelles et le vallon déserts, les maisons muettes, causent un enchantement singulier qui vous transporte très loin, sur les rives orientales de la Méditerranée.

C'est à travers cette cité étrange, soupçonneuse et passionnée, qu'un certain jour du Moyen Age finissant, le prince exilé Zizim, frère de Bajazet et son compétiteur malheureux, passa dans un brillant cortège par la Grand'Rue, entre les façades décorées de tapisseries, pour recevoir asile dans le château dauphinois de Rochechinard. C'est à Romans qu'en 1349, dans l'église Saint-Barnard, le Dauphin Humbert II, fils de Sainte Béatrix de Hongrie, signa l'acte de cession de ses Etats à la Couronne de France :

Philippe de Valois y faisait aussitôt son entrée et son fils, le nouveau Dauphin, y établissait sa résidence dans le couvent des Frères Mineurs. Maintes fois, les Etats de la province s'y réunirent, votant au roi des subsides, présentant demandes, griefs ou remontrances. En septembre 1788, s'y tinrent les Etats qui, d'accord avec le roi, décidèrent les réformes nécessaires juste avant que la réunion de Vizille, sous l'influence du cheminement rapide des idées de l'*Encyclopédie* en même temps que du travail souterrain et puissant des Loges, fît dévier ce mouvement réformateur et déchaîner la grande tourmente.

Je ne trouve en cette ville archaïque ni « bars » ni « comptoirs », mais quelques cabarets à l'ancienne mode, garnis de tables de bois brun et, quelquefois, de tonneaux alignés au fond de la petite salle, et, presque innombrables, des « cafés » à la mode bourgeoise, avec de larges, profondes et confortables « terrasses » qui, le samedi soir, s'emplissent d'ouvriers. Je compte 6 cafés, place de la gare ; 18, place Jaurès ; 10, cours Bonnevaux ; 14, plus un cabaret et un autre avec tonneaux dans la salle, place Jacquemart ; 3, place de l'Hôtel-de-Ville ; 3, place de l'Eglise Saint-Barnard. J'omets tous ceux qui sont disséminés dans les diverses rues, surtout dans les quartiers neufs et dans les voies qui réunissent la gare à la place Jaurès. On ne croise que trop de femmes et jeunes filles à peine vêtues d'un morceau d'étoffe et à qui les cheveux coupés font des têtes de caniche sortant de l'eau, de pingouin, de veau, de vieil homme gras, de jeune garçon habillé en femme ; à pied, à bicyclette, avec leurs allures sans vergogne, elles ont l'air de vraies « garçonnes » — pour ne pas employer un autre mot, semblable mais plus bref, plus cru et qui exprime plus nettement les apparences, sinon la réalité. On sait que les grands couturiers qui lancent la mode sont trop souvent des Juifs et qu'ils obéissent à leur type et à leur loi, qui sont de corrompre pour les dissoudre les peuples où ils se sont insinués. Que les femmes obéissent à ce point et avec cette facilité à de pareilles impulsions, cela ne marque pas seulement leur éloignement des principes d'une éducation chrétienne, mais donne aussi la preuve fâcheuse de leur manque de jugement et de la perversion du goût public : elles n'ont pas conscience de dévoiler des anatomies trop souvent décevantes et, dépouillées de leur chevelure, de mettre en évidence des crânes trop petits, des mâchoires trop fortes et parfois prognathes, des traits grossis, un dessin défectueux du visage. L'influence régulatrice d'une Cour royale ne se fait plus sentir. Un véritable bolchevisme de la mode sévit, qui apparaît logiquement au cours de l'évolution de nos mœurs telles que les font l'école officielle, les idées politiques et la tradition révolutionnaire, qui mélangent tout, les personnes comme les groupes sociaux, dans le grand désordre où ne surnagent que des individus livrés aux poussées égoïstes de leurs caprices. Une véritable animalisation se produit et s'aggrave progressivement sous l'influence de « la laïque ». Les auteurs responsables de cette déchéance, ce sont les chefs qui se succèdent au pouvoir, maîtres d'un jour, nomades de la politique, pensionnaires des hôtels meublés du Gouvernement, tous mus par l'Oligarchie cachée, l'Etat secret, l'Eglise occulte, le tout-puissant Syndicat des forces du Mal, l'absolutisme de la Secte dont Mgr Delassus avait, il y a vingt ans, si vigoureusement démasqué la conspiration universelle.

Les deux petites villes que l'Isère sépare sont complètement industrialisées. Les commerçants, les patrons et les indispensables représentants des professions libérales mis à part, leur population ne compte que des ouvriers. Bourg-de-Péage est le siège de l'industrie chapelière ; Romans, de l'industrie de la chaussure. Romans emploie sept à huit mille salariés, hommes et femmes, répartis entre des ateliers et usines dont le nombre approche de la centaine, beaucoup employant de 20 à 50 ouvriers, d'autres de 50 à 100 et 150 et quelques-unes environ 300. On compte à peu près 80 fabriques de chaussures, le double de leur nombre d'avant-guerre, plusieurs petites tanneries, deux fonderies et deux ateliers de construction mécanique. La fabrication industrielle de la chaussure, avec des machines américaines et grâce à une extrême division du travail substituée aux nombreux petits cordonniers du siècle dernier, absorbe presque toute l'activité de la population.

Cités rouges ! Bourg-de-Péage est administré

par une municipalité socialiste ; Romans, par
une municipalité radicale-socialiste qui ne ménage aux communistes ni ses sympathies ni ses
faveurs. Les complicités réelles, constantes, qui
lient radicaux-socialistes, socialistes et communistes, à la même œuvre criminelle, s'étalent ici
ingénument. Elles ne sont pas moins réelles
entre républicains modérés, radicaux et radicaux-socialistes, de sorte qu'en fait les deux
groupes n'en font qu'un, comme ils n'en font
qu'un en droit, leurs principes étant les mêmes.
Jean-Jacques Rousseau les a exposés, la Révolution française les a imposés, la IIIe République
les a réalisés. C'est un bloc. Une petite rue de
Romans porte le nom de J.-J. Rousseau : ce
père de toute la misère moderne mériterait d'être
affiché sur un mur comme au pilori. La grande
avenue de platanes porte successivement les
noms de Gambetta et de Jaurès : l'un a fondé,
l'autre développé le régime de la ruine publique.
Ils sont affichés en manière d'hommage alors
qu'ils ne devraient l'être que par mépris. C'est
ici même que le métis de Juif, de Bavarois et
de Génois, fondateur de la IIIe République, a
prononcé dans un discours la phrase fameuse :
« Le cléricalisme, voilà l'ennemi ! » cri de guerre
contre l'Eglise et cri de ralliement des républicains. Une plaque de marbre commémore ce
discours-programme qui est comme la charte du
régime. Vingt-cinq ans plus tard, avec la complicité effective de deux réalisateurs, le républicain modéré Waldeck-Rousseau et le républicain

radical Combes, qu'entouraient et soutenaient tous les rameurs de la galère républicaine — les Poincaré, Barthou, Viviani, Millerand — le social-démocrate, marxiste et germanophile Jaurès, véritable chef occulte des différents ministères qui se succédaient alors, faisait entrer la République opportuno-radicale dans la voie du pur socialisme spoliateur et niveleur dont les progrès se manifestent depuis la guerre avec une rapidité redoutable. La vague rouge recouvre Romans : elle menace de submerger la France entière. Ou par une révolution, ou par le « glissement », de toute façon par la logique du système politique, la civilisation chrétienne est menacée d'une ruine totale dont, seule, une réaction intégrale peut la sauver.

Le retour aux vrais principes, fondements des sociétés supérieures, sources du progrès et de la paix, ne sera empêché que par la trahison inconsciente de ceux qui devraient être les amis naturels et les défenseurs-nés de l'ordre social et qui se sont laissé pénétrer par l'esprit de l'ennemi, comme l'élite des trois Ordres, au xviiie siècle, l'était par les idées de l'*Encyclopédie* et par l'encellulement maçonnique.

L'effondrement de la civilisation chrétienne et française en 89-93 n'a été possible que par l'aveuglement de la société du xviiie siècle, son engouement pour les idées des philosophes, sa sensiblerie roussienne : ne retrouvons-nous pas aujourd'hui tous ces symptômes dans le démocratisme et la sentimentalité de nouveaux abbés de Saint-Pierre, amateurs de bergeries et grands faiseurs de berquinades qui finiront dans le sang ?

§ 4. — *Etat d'esprit des ouvriers.*

La moitié de la population ouvrière est romanaise. Le surplus est originaire de Savoie, de Grenoble, de la vallée du Rhône, des provinces de langue d'oc. Presque tous les hôteliers et restaurateurs viennent de Savoie. On compte aussi des Italiens, des Espagnols (*El Liberal* est en vente chez les marchands de journaux) et quelques indigènes algériens.

Des expressions lyonnaises sont couramment employées : un *gone* (1), une *vogue* (2). Le voisinage immédiat du Midi se fait sentir par la vivacité d'esprit des Romanais, leur goût pour la vie extérieure, la dépense, les distractions, les plaisirs. Le caractère dauphinois s'accuse chez eux par la cordialité, l'esprit d'indépendance, l'énergie laborieuse et, pour les ouvriers qui arrivent de la campagne, l'économie.

Ancien salarié ne « fait le lundi » depuis que la semaine anglaise est pratiquée. Une somme de travail modérée et convenablement répartie (journée de huit heures, repos dominical et semaine dite anglaise qui est la semaine

(1) Garçon, gamin.
(2) Fête populaire.

française de l'Ancien Régime et du Moyen
Age) répond donc aux besoins essentiels de
l'homme, introduit et maintient dans sa vie
l'équilibre nécessaire, lui fait plus facilement
accepter la discipline de son activité. Il va de
soi que nous envisageons ici un état social normal et non le cas particulier d'un pays contraint
par des circonstances graves et passagères de
fournir un effort exceptionnel pour réparer
des pertes immenses, comme il arrive à un
homme ou une famille qui, ayant subi des re-
vers de fortune, s'impose un surcroît de labeur
et de privations afin de reconstituer son patrimoine et conserver son rang. En pareil cas,
si les citoyens ajoutent à leur labeur habituel,
l'Etat doit, le premier, donner l'exemple d'une
sévère économie des deniers publics : nous ne
savons que trop que, loin de réduire ses dépenses
inutiles, il les accroît sans vergogne, enflant les
impôts sans mesure et multipliant ainsi les difficultés financières. J'en constate un des menus
et lointains effets en lisant cet avis apposé dans
un magasin d'épicerie de Romans : « En raison
des variations brusques de la valeur du franc,
les ventes à crédit sont rigoureusement inter-
dites. Toutes les ventes se font au comptant. »

La foule n'en est que plus avide de plaisir !
Le jeudi soir, il y a musique sur la place Jaurès ;
le samedi, à la « Grande salle de bal » de l'avenue Gambetta, bal avec « Jazz », dont l'entrée
coûte trois francs ; un samedi, illuminations
et musique sur la place Saint-Barnard tout

enguirlandée de papier multicolore ; un autre samedi et le lendemain dimanche, « grande fête sportive et gymnique ». Il ne se passe pas de semaine sans fête et réjouissances publiques. Il faut jouir de la vie.

Au cœur de l'été, de deux cinémas, un seul est ouvert et ne fait guère recette : par ces beaux jours, on préfère prendre son plaisir au dehors. Les places coûtent 1 fr. 50, 2 fr. et 2 fr. 50. Les plus chères et les moins chères sont à peu près vides ; les places à 2 fr. sont presque toutes occupées. La salle est vide aux deux tiers. L'assistance se compose de femmes, d'enfants, d'ouvriers, de jeunes gens, de couples irréguliers ; je remarque, en outre, quatre soldats algériens et une douzaine de soldats français. Devant ce public, on tourne un film d'adultères. L'Etat laïque a une doctrine morale officielle : on la retrouve partout, prêchée sous toutes les formes...

... Un samedi, à huit heures du soir : la grille d'une école laïque s'ouvre ; Monsieur l'Instituteur rentre, conduisant son automobile et faisant ronfler le moteur... Dans les campagnes et dans les petits centres du département, c'est généralement l'instituteur qui est le chef des communistes locaux, le président du futur soviet, successeur du club jacobin de la Révolution française. L'instituteur de village, en Russie, sous le tsar et à son insu — comme actuellement, en France, sous la République et avec sa complicité — faisait de la propagande révolutionnaire ; dans les villes, les professeurs d'Université répandaient les idées libérales et démocratiques. Le résultat de leur activité, en Russie, nous le connaissons. Nous le voyons également en France. En Russie, tout le corps social était miné par ce travail dissolvant. En France, tout le corps social est prêt à se dissoudre sous l'influence du même travail de ruine intérieure auquel collaborent même ceux que leur mission, leur éducation, leur culture, leur intérêt semblaient vouer à l'action contraire : cette aberration suicidaire, nous l'avions déjà connue au cours du XVIIIe siècle, à la veille du cataclysme qui se préparait ; clergé, noblesse, bourgeoisie y couraient joyeusement, par sottise ou frivolité, par sentimentalité ou par mode, jouant comme à colin-maillard sur le bord du précipice où ils devaient s'engloutir.

Le Petit Dauphinois est un journal républicain modéré qui, comme tous les organes dits modérés, de Paris ou de province, travaille pour les enragés : acceptant et défendant les mêmes principes, institutions et lois d'où découle tout le mal, ils fraient la voie aux pires merreurs et ils y poussent leur clientèle moutonnière. Les moins redoutables de ces modérés commettent le mal en s'abstenant de le combattre. On peut comparer *Le Petit Dauphinois* au *Petit Journal* et au *Petit Parisien* : insignifiant et bénin en apparence, mais, en réalité, couvrant sans cesse, cachant ou atténuant ou justifiant les méfaits des idées erronées, d'une

politique néfaste et des hommes qui les appliquent, bref, leur servant de rabatteurs.
Monsieur le Public, bon et confiant, éternelle
dupe, est poussé par cette misérable et méprisable presse dite « modérée », tout comme par
l'autre, à l'abattoir. Un déluge d'informations
niaises et de notes ou dissertations anodines
se déverse à travers les colonnes de cette feuille
dauphinoise jusqu'au jour où les communiqués
de la Ligue des Droits de l'homme y trouvent
une hospitalité empressée, ou lorsqu'il faut
appuyer quelque offensive menée dans la coulisse par les « purs » républicains, surtout lorsqu'il s'agit de persuader ses clients de l'innocuité,
sinon de la bienfaisance, des pires mesures législatives. La besogne, qu'accomplissent ainsi
dans la masse des bonnes gens de gauche les
journaux « modérés » de gauche, est remplie
parallèlement, dans la masse des bonnes gens
de droite, par les journaux « modérés » de droite,
dont il est inutile d'imprimer les noms : chacun
les connaît et les reconnaîtra, comme ils se
connaissent assez eux-mêmes pour se reconnaître. Ainsi le mal étend partout ses ravages et
tout le pays continue de descendre, d'un même
pas, encadré et guidé par des filous, des traîtres
et des niais.

Place Jean-Jaurès, derrière la mairie, s'élève
la Bourse du Travail : Cégétistes et Unitaires
s'y abritent, faisant ensemble très bon ménage
sous l'égide de la bienveillante municipalité
radicale-socialiste. La façade du bâtiment est

couverte d'affiches de propagande. L'une, commémorant Jeanne d'Arc, proclame : « Souvenons-nous de ses bourreaux », et énumère ses juges ecclésiastiques et trois cents évêques, abbés mitrés, docteurs en théologie, qui approuvèrent le jugement inique. Une autre étale un appel du journal *L'Humanité* « Au peuple travailleur de France » : « Exigez que la stabilisation (du franc) se fasse sur le dos du capitalisme par la conscription des fortunes, la nationalisation des banques et des grandes entreprises, le monopole du commerce extérieur, le contrôle par les organisations ouvrières et paysannes. » C'est tout le programme de Moscou. Une troisième affiche s'adresse « Aux travailleurs de la chaussure », qu'elle convoque à une grande réunion unitaire pour le 16 août.

Huit jours plus tard, les murs de la ville se couvrent d'affiches du parti communiste, reproduisant la proclamation du journal *L'Humanité*, qui s'achève sur cette objurgation : « Travaillez pour la formation d'un gouvernement ouvrier et paysan ». Dans un tel gouvernement, ni les ouvriers ni les paysans ne gouvernent, mais ceux-là seuls qui ont usurpé leur confiance et leur nom et qui, sous leur couvert, commandent. La « Fédération nationale des libres-penseurs » a fait apposer sur la façade de la Bourse du Travail une proclamation : « L'heure est grave pour le pays. Les Fascistes et les Cléricaux montrent une audace sans cesse grandissante. — A Jeanne d'Arc, trahie par son roi,

brûlée par les prêtres. — ... Serrez les rangs
autour de la Libre-Pensée. Soyez prêts à l'action pour la Démocratie, pour l'Ecole laïque,
pour l'affranchissement intégral de l'Humanité. »
Quelques jours après, une affiche est apposée par
les communistes contre le ministère Poincaré-
Herriot qui accable d'impôts indirects les
classes laborieuses alors que « les riches sont
dégrevés. » Les léninistes redoublent d'efforts
pour déblayer le terrain des Luof-Kérensky qui
en sont encore les maîtres. Les communistes
romanais se plaisent à dire : « Pas un bourgeois
n'osera se défendre » (le jour où éclatera la
Révolution).

La population ouvrière est calme, d'apparence indifférente, tout entière, semble-t-il, à
son travail et à ses plaisirs. Mais la moindre
difficulté surgit-elle avec les patrons, à propos
par exemple de salaires, qu'aussitôt les ouvriers
entrent en effervescence et, comme des furieux,
se montrent prêts à toutes les extrémités. Deux
ans plus tôt, pas un seul ouvrier ne songeait
à faire grève : trois agitateurs étrangers surviennent, la grève éclate et, au bout de quinze
jours, il fallait faire venir deux régiments de
cavalerie pour maintenir l'ordre. Beaucoup de
jeunes employés des banques sont communistes.
Une campagne d'affiches illustrées est menée
contre les assurances : elles représentent, d'un
côté, un gros homme installé dans un bureau
confortable, et, de l'autre, une famille d'ouvriers, maigres, décharnés, vêtus de guenilles

et gîtant dans une mansarde. L'affiche porte
pour titre général : « L'accident du travail ».
A côté du patron, elle étale cette légende :
« Ceux qui en vivent. Bénéfices réalisés par les
Compagnies d'assurances en 1920 : 260.880.239
francs. » A côté de la famille d'ouvriers, ce
commentaire : « Ceux qui en meurent. Pension
de l'accidenté : aveugles, 2 fr. 50 par jour ;
veuves, 0 fr. 50 ; orphelins, 0 fr. 30. » La conclusion pratique, les journaux, les politiciens et les
parlementaires de gauche se chargent de l'exposer : si le service de ces assurances était rem-
pli par l'Etat, les bénéfices des Compagnies permettraient de grossir les pensions des victimes
d'accidents du travail. Et le public ne réfléchit
pas qu'avec la solution socialiste les bénéfices
disparaîtraient et jusqu'à la possibilité même
de servir la moindre pension aux victimes, mais
qu'il y aurait beaucoup plus de gros hommes
dans des bureaux confortables et certainement davantage d'ouvriers maigres, décharnés,
en guenilles, dans des taudis. Les deux idées
fausses que cette propagande illustrée sous-
entend et dont elle part sont : qu'il est injuste
qu'une Compagnie fasse des bénéfices ; et qu'il
est possible à l'Etat de gérer l'entreprise mieux
que ne le fait une Compagnie privée. Le moyen
employé pour propager cette double erreur est
essentiellement démocratique : exciter l'envie
et la haine. Cette méthode, les Athéniens l'ont
connue et pratiquée. Ce sentiment est aussi
vieux que les hommes, aussi tenace que le mal.

Il est la pierre d'angle de l'édifice politique républicain. Le but n'est pas meilleur que le moyen : verser toutes les ressources privées dans les caisses de l'Etat, c'est les mettre à la disposition des parasites de l'Etat — les parlementaires et leur clientèle. Et cela aussi est de tous les temps, en République.

Certains « anciens combattants » ont placardé une déclaration où s'étale leur couardise civique. Ils justifient l'opinion des révolutionnaires sur l'incapacité des gens d'ordre à défendre la société. On y lit, en effet, qu'ayant été traités de « fascistes » par « certains éléments politiques » (ils n'osent même pas désigner les socialistes et les communistes par leurs noms), les anciens combattants répudient ce qualificatif et, pour éviter tout incident fâcheux, suppriment « purement et simplement » la conférence qu'ils devaient entendre à l'issue de leur banquet. Ils finiront, sur injonction, par se supprimer eux-mêmes. Quels combattants ! Quels capitulards ! Devant l'ombre d'une menace de manifestation hostile, devant une épithète, ils fuient. Leurs adversaires auraient grand tort de se gêner : leur audace n'est faite que de ces défaillances.

Un samedi soir, de huit à neuf heures, une vingtaine d'ouvriers du cuir tiennent une réunion dans une salle de la Bourse du Travail. Moins de deux semaines plus tard, c'est une réunion d'ouvriers chapeliers qui réclament une augmentation de salaire : j'y compte dix-sept hommes, dont plusieurs Italiens, et huit femmes ; l'un des assistants vend le journal *L'Unité* ; la discussion est des plus confuses ; tous parlent à la fois, s'interpellent et se disputent ; les Italiens, malgré leur connaissance imparfaite de notre langue, la parlent avec volubilité, se montrent les plus exaltés et les plus violents et, visiblement, mènent l'assemblée ; ainsi apparaît la facilité avec laquelle, en temps de Révolution, des étrangers fanatiques peuvent susciter les troubles et pousser la foule aux pires excès.

« *L'Unité, organe d'action pour la réalisation de l'unité syndicale, nationale et internationale, sous le contrôle des militants de l'Union locale confédérée de Châtellerault (Vienne)* » (ville où se trouve une manufacture d'armes appartenant à l'Etat), est un journal bimensuel qui cherche à réaliser l'unité entre tous les ouvriers socialistes, entre la C. G. T. et la C. G. T. U. Ce numéro du 15 août 1926 publie un article intitulé « Contre Poincaré-la-Guerre, Unité syndicale ! » (Le ministère Poincaré venait de succéder au ministère de vingt-quatre heures Herriot).

« Pas mal d'ouvriers avaient de grands espoirs après le 11 mai 1924. Ils attendaient beaucoup de réformes des démocrates (?) au pouvoir... Le Cartel ne nous a rien donné que la vie chère, l'inflation, des impôts et la guerre du Maroc et de Syrie. Puis, il est mort d'impuissance et ses étoiles embrassent le malfaisant Poincaré-la-Ruhr !... »

Le remède que les révolutionnaires proposent est de développer jusqu'au bout les principes posés par la République et la démocratie.

Entre les deux réunions de la Bourse du Travail, un comité anarchiste, le « Comité de défense sociale », organise au théâtre de la ville, l'*Eden*, un mercredi soir, un meeting de protestation contre la condamnation à mort qui a frappé, aux Etats-Unis, deux Italiens révolutionnaires, Sacco et Vanzetti. Aux approches de neuf heures, quelques « camarades » rôdent autour de la porte de la salle, mais continuent de s'attarder sous les arbres de la place, retenus au dehors par la beauté et l'agrément de cette soirée d'été, chaude et même lourde, accablante, qui fait redouter l'air confiné de la salle. Un gros ouvrier, aux formes trapues et musclées, au visage coloré, et qui bientôt prendra place au bureau, aborde un groupe, s'écriant : « Nous sommes tous menacés ! Il faut serrer les rangs et se défendre ! »

La salle est vide. Peu à peu, les auditeurs y pénètrent comme à regret. La séance est ouverte à neuf heures et quart. De nouveaux auditeurs surviendront peu à peu et le total des assistants s'élèvera finalement à 98 hommes et jeunes gens, 14 femmes et 3 enfants.

A l'ouverture de la séance, un homme monte sur la scène et crie : « Envoyez un nom de président !... » Un nom est crié. « Ceux qui sont de cet *avisse*, reprend l'homme, qu'ils lèvent la main !... d'un *avisse* contraire... »

4

Le bureau est composé de deux jeunes gens
à l'allure d'employés et du gros ouvrier que
j'avais entendu, dehors, quelques instants plus
tôt, interpeller des amis. L'orateur, un jeune
homme bourgeoisement vêtu, zézaie. Il s'étend
longuement sur l'injustice de la condamnation
dont deux militants italiens ont été frappés
aux Etats-Unis : « Toute la classe ouvrière
du monde entier devrait être soulevée d'indi-
gnation ! Cette salle devrait être pleine à craquer
et elle est presque vide ! Ceux qui m'écoutent
sont les fidèles de presque toutes nos réunions,
ceux dont le dévouement ne se lasse pas... »

Les optimistes en concluent à l'inexistence
du péril : ils ne se rendent pas compte des sympathies secrètes qui lient cette poignée de militants à la presque totalité des salariés prêts
à faire bloc avec eux le jour où nos affaires inté-
rieures se gâteront, par exemple lorsque les
difficultés de la vie matérielle généraliseront
le mécontentement, l'irritation, l'effervescence.
Convaincue que les amis de l'ordre sont incapables de se risquer à le défendre, la masse se
mettra d'elle-même en mouvement pour une
nouvelle « guerre fraîche et joyeuse ».

L'excitabilité de la foule la met à la merci
de journaux, d'orateurs, de comités et d'associations qui créent, développent, grossissent
les courants d'opinion jusqu'à les rendre irrésistibles. Les grands brasseurs de masses, habiles
à les remuer, les manier, les pétrir, à faire jouer
toutes les puissances de sentiment et les simu-

lacres d'idées, imaginer les mots magiques et les formules à succès, flatter, enivrer, déchaîner la crédulité et la passion populaires, peuvent tenir les plus étonnantes gageures. Qui l'eût dit ? Une poignée de Romanais révolutionnaires sont péniblement réunis à l'*Eden* pour obtenir la revision d'une sentence déjà ancienne, portée outre-Atlantique par des juges yankees contre deux Italiens obscurs. Les auditeurs, des fanatiques du communisme ou de l'ana hie, savent à peine de quoi il s'agit ; ils ne tr ent à cette affaire qu'un intérêt médiocre. Ainsi dans Paris et toute la France : quelques meneurs s'agitent dans le vide. Et néanmoins, après un an d'une campagne méthodique, véhémente, fougueuse, toute la presse s'occupe de l'affaire, toute la classe ouvrière est mobilisée pour la délivrance des deux condamnés, les manifestations se succèdent et, le soir du 23 août 1927, l'émeute éclate dans Paris. Nul n'aurait pu prévoir ces rapides et graves conséquences d'une campagne de presse, à considérer cette petite salle de l'*Eden* de Romans où une centaine d'auditeurs suivent vaguement l'exposé d'un procès lointain qui, on le sent bien, ne les intéresse pas.

Pendant que l'orateur poursuit son discours, des « camarades » distribuent le numéro de *L'Humanité* du dimanche précédent et une brochure, *Ce que veulent les anarchistes*, par Thonar, qui porte le timbre du « Groupe d'études sociales de Romans ». Cette brochure — « texte adopté à l'unanimité par le Congrès communiste-anarchiste de Charleroi 1904 » — appartient à la « Bibliothèque de propagande anarchiste », est publiée par les « Editions de la Librairie sociale, 9, rue Louis-Blanc, Paris, X⁰ », et est propagée à Romans par le « Groupe d'études sociales » dénommé « Savoir ».

Nous y lisons qu'anarchie signifie « absence de commandement, donc absence d'autorité » ; c'est « abusivement » qu'on en a fait « un synonyme du mot désordre » (p. 1). L'anarchie, c'est donc l'ordre sans l'autorité, celle-ci étant tenue pour la cause essentielle du désordre.

L'anarchie vise, d'abord, à détruire : — la propriété, « individuelle ou collective », parce qu'elle est un vol, « contraint l'homme à exploiter ses semblables », est la cause des vices et des crimes ; — l'autorité, « quelle que soit la forme sous laquelle elle se manifeste », parce qu' « elle n'est que la force » ; — la religion, « parce qu'elle n'est qu'un reste d'ignorance » (p. 3). Ces trois principes rejetés, leurs conséquences — patronat, capital, patriotisme, militarisme, guerres, gouvernements, parlementarisme, lois, magistrature, mariage, morale — qui constituent la société bourgeoise, disparaîtront à leur tour (p. 4-7).

Alors surgira « la société future » (p. 7), « le communisme anarchiste », qui permettra à « chaque être humain » de « consommer selon ses besoins et produire selon ses forces », réalisant ainsi l'idéal défini par Sébastien Faure : « Un milieu social qui assure à chaque individu toute la somme de bonheur adéquate, à toute époque, au développement progressif de l'humanité » (p. 8). La réalisation du programme anarchiste aura des effets merveilleux : « Le peuple s'emparera des denrées, des vêtements et des logements ; il s'emparera des usines et de l'outillage et les fera fructifier au mieux de l'avantage commun. Bien nourris, les hommes travailleront avec plaisir. Soustrait au maître-patron, à l'exploiteur, le labeur sera alors un réconfort, l'exercice normal des facultés humaines. Il sera d'autant plus productif... Le progrès industriel fera des pas de géant... La bonté sera chose naturelle dans la nouvelle société où les gens seront heureux... Les esprits seront sains dans les corps sains... » (p. 14).

Enfin, « l'attention du lecteur » est attirée « tout spécialement... sur cette remarque : scientifiquement, l'anarchisme est une conséquence directe de la démonstration du transformisme biologique... En d'autres termes, l'anarchisme vise à l'application, en sociologie, des découvertes de la science moderne » (p. 15-16). Cet argument « scientifique » ne peut manquer d'impressionner fortement les esprits ignorants auxquels cette propagande s'adresse, leur promettant toutes les joies terrestres par la destruction pure et simple de la société présente.

L'activité incessante, la ténacité et l'obstination des propagandistes révolutionnaires expliquent leurs progrès. Ils ne manquent ni

d'hommes, ni d'argent, ni de journaux, brochures
et orateurs. Les réunions et meetings se succèdent, même s'ils ne rencontrent pas plein succès. On frappe à coups redoublés pour enfoncer
le clou. Douze jours après ce meeting anarchiste
de Romans, c'est un meeting communiste qui
se tient à la mairie même de Bourg-de-Péage.
La méthode est donc bien celle de la récidive
instante et obstinée. Le maire de Bourg-de-
Péage est un radical-socialiste, élu contre la
liste communiste. Il a dû néanmoins accepter
de prêter aux communistes la salle de sa mairie :
ils ont su lui forcer la main ; il a cédé de mauvaise grâce, mais il a cédé. Au conseil municipal, c'est un jeune instituteur qui conduit
tout, exerçant l'influence la plus décisive et,
naturellement, dans le sens le plus extrémiste (1).

Quel enseignement les journaux d'extrême-
gauche distribuent-ils à la multitude abusée ?

Le Quotidien (2) publie en tête de sa première
colonne, en grand caractère, ce texte de Lavisse,
qui fut important personnage de la République,
universitaire chargé d'honneurs et historien
avec la garantie du gouvernement : « Etre
laïque, c'est ne point s'en remettre à un juge,
siégeant par delà la vie, du soin de rassasier

(1) Au mois de décembre suivant, la baisse de la livre
de 244 fr. à 122 fr. ayant déterminé un grand chômage,
les communistes se sont livrés à une active campagne de
meetings où ils vantaient le bonheur de la Russie bolchevisée.

(2) 11 août 1926.

ceux qui ont faim, de donner à boire à ceux
qui ont soif, de réparer les injustices et de consoler ceux qui pleurent : c'est livrer soi-même
bataille au mal au nom de la justice. » Les catholiques savent, si Lavisse affecte de l'ignorer,
que livrer cette bataille est leur devoir de tous
les jours et qu'ils en rendront compte au Juge
qui siège par delà la vie. Mais, pour Lavisse
comme pour tous les doctrinaires français de
la République, être « laïque » c'est être anticatholique et il faut être « laïque » pour être
républicain.

Cette citation de Lavisse précède un article
d'Albert Bayet, « Les saints laïques », inspiré
par les mêmes confusions : « Aussi vivement que
les saints de jadis, nous sentons les laideurs,
les imperfections, les médiocrités du monde.
Seulement nous ne croyons plus que notre
devoir soit de gémir sur ces tares et de les fuir :
nous croyons qu'il consiste, au contraire, à les
faire disparaître... Il y a désormais mieux à
faire que de gémir à l'écart et d'attendre une
autre vie : il faut s'attaquer au mal, le traquer,
l'éliminer... Chassons de nous la souffrance,
éloignons l'iniquité... Les saints d'hier... faisaient leur salut, les saints d'aujourd'hui font
le nôtre. Les saints d'hier attendaient de leur
effort une récompense pour eux-mêmes ; les
saints d'aujourd'hui ont pour récompense le
bonheur de l'humanité et, pour le lui assurer,
ils n'hésitent pas à s'en priver eux-mêmes... »
Toutes ces oppositions entre saints d'hier et

saints d'aujourd'hui sont inspirées par la même ignorance du christianisme que montrait Lavisse : les saints que le christianisme inspira n'ont point fait que gémir sur le mal ; ils ont, comme ils le devaient, lutté contre lui pour le bonheur et le salut des hommes. Mais quelle idée du catholicisme *Le Quotidien* donne-t-il à ses lecteurs ? Il ne lui suffit pas d'en attaquer le dogme, d'en déformer l'esprit et d'en altérer l'histoire, il le dépeint comme l'ennemi toujours présent, toujours actif, contre lequel notre vigilance ne doit pas faiblir : aussi nous presse-t-il de défendre jalousement l'école laïque contre l'offensive cléricale (1) ; une large réclame est faite au livre de Couchoud sur les prêtres et le mariage (2).

Après avoir soufflé le dégoût et la haine de la religion catholique, *Le Quotidien* consacre trois colonnes (3) à éveiller leurs sympathies pour la religion musulmane : « Soir et matin d'Orient à Paris. — Si Kadour ben Gabrit fait à un collaborateur du *Quotidien* les honneurs de la mosquée de France. » Sous ce titre, nous lisons une description enthousiaste de la mosquée élevée à Paris par la République, au nom de la France « puissance musulmane » et non plus chrétienne comme se sont plu à le proclamer tant de ministres.

Cette islamophilie n'empêche pas *Le Quoti-*

(1) 21 septembre 1927.
(2) 17 septembre 1927.
(3) 28 août 1926.

dien d'employer des expressions qui témoignent d'une ignorance de l'Islam presque aussi profonde que son ignorance du christianisme. Il annonce (1), en effet, que « les Espagnols occupent Chechaouen, La Mecque marocaine », comme s'il pouvait y avoir, même au figuré, une autre Mecque que celle d'Arabie ! La Kaaba ne se trouve qu'à La Mecque, dans le Hedjaz : là seulement doit se faire le pèlerinage prescrit à tout musulman par le Coran. Parler d'une « Mecque marocaine » est idiot.

Le Quotidien ne renseigne pas mieux ses lecteurs sur les divers événements politiques et sur leur signification. « Un moyen facile de lutter contre la dépopulation », annonce-t-il en première page (2), à grands fracas. — Nous le connaissons, ce moyen ; il n'y en a, au point de vue moral, qu'un seul : la rechristianisation de la France ; et qu'un seul au point de vue matériel : la reconstitution du patrimoine familial héréditairement intangible. Mais *Le Quotidien* a sa panacée : « les consultations de nourrissons. » Certes, il est important de soigner les enfants ; mais il l'est bien davantage de les faire — ce qui suppose la famille chrétienne et la stabilité du bien de famille.

En Grèce, les coups d'Etat se succèdent : Pangalos a chassé Papanastasiou ; Condilis chasse Pangalos et installe Coundouriotis. « Cette suc-

(1) 12 août 1926.
(2) 26 août 1926.

cession de coups de force, écrit *Le Quotidien* (1),
montre trop bien la faiblesse des institutions
démocratiques dans ce pays balkanique. » Pourquoi « dans ce pays balkanique » ? Cette restric-
tion ne se justifie pas. Les institutions démocratiques en tout temps et en tout pays souffrent,
à des degrés divers, de cette faiblesse. La démocratie est le règne des partis, des factions, des
factieux, dont les coups de force, plus ou moins
voilés par le jeu parlementaire, apparaissent
dans toute leur brutalité lorsque le chef de parti
s'affranchit de ces formalités : l'histoire moderne
de la Grèce répète son histoire antique, celle de
la Rome républicaine et impériale, de la Pologne
contemporaine et d'un siècle de républiques
espagnoles et de républiques nègres.

Sous le titre général « Notre politique », un
« Intérim » étudie chaque jour les questions
les plus variées. Il n'y a que l'erreur de ses
conclusions qui ne varie pas.

Pour mener « la lutte contre la hausse des
prix » (2), Intérim propose la fixation par l'Etat
du « maximum licite ». La Révolution française
y avait eu déjà recours, sans grand succès. S'en-
gager dans cette voie, c'est risquer d'aboutir au
socialisme. La solution proposée par *Le Quotidien* méconnaît les causes véritables de la hausse
des prix : leur augmentation incessante provient
de la crise monétaire, due uniquement à l'inca-

(1) 23 août 1926.
(2) 14 août 1926.

pacité habituelle de l'Etat parlementaire et républicain à bien gérer les finances. Au cours de près de deux années d'un ministère Poincaré, nous n'avons vu l'indice du coût de la vie fléchir à 5 que pour remonter, à la veille des élections générales d'avril 1928, au voisinage de 6 ; et nous avons subi une écrasante augmentation d'impôts qui apporte bien juste à la situation financière l'amélioration illusoire requise pour capter la confiance de naïfs électeurs. Le vrai et unique remède réside dans la réforme constitutionnelle.

L'article d'Intérim : « Avant tout, l'indépendance » (1), ne nous donne pas davantage la solution de la difficulté qu'il pose. Les Américains réclament le paiement de notre dette de guerre. S'ils pensent nous amener à leur céder quelque colonie ou l'exploitation de nos monopoles, ils se trompent, affirme Intérim, car « l'opinion française aurait un sursaut de révolte immédiat... Le ministre qui s'aviserait de proposer l'aliénation d'une part notable de notre patrimoine national serait vite emporté par une irrésistible vague d'impopularité... Nous entendons demeurer indépendants des puissances d'argent... La seule idée que nous puissions être un jour contraints d'accepter l'ingérence de l'étranger dans notre vie publique nous est intolérable... ». Protestations de fantaisie ! Rodomontades ! *Le Quotidien* serait le premier à défendre le gouvernement d'extrême-gauche qui proposerait ces

(1) 13 août 1926.

mesures : il n'y aurait pas plus de vague d'impopularité que pour toutes les mesures qui jusqu'à ce jour ont compromis notre prospérité, notre influence, notre dignité, nos droits et jusqu'à notre existence nationale. Nous sommes le jouet des puissances d'argent : un Parlement est toujours à vendre. « L'ingérence de l'étranger dans notre vie publique » est un fait constant depuis un demi-siècle, évident et scandaleux lors de l'armistice et du traité de Versailles et depuis la signature de la paix. La République est le règne des financiers et le gouvernement de l'étranger.

En voici une preuve nouvelle. *Le Quotidien* (1) pose cette question : « Faut-il naturaliser 100.000 étrangers par an ? » Il commence par remarquer qu'il y a là « de quoi remuer la bile de nos nationalistes patentés » ; que, contre la dénatalité, les « apôtres de la repopulation n'y peuvent rien », que, cependant, il s'agit de la France, c'est-à-dire « d'un territoire à exploiter » et qui « manque de bras ». Pour éviter de dépendre « de mercenaires migrateurs, il n'y a qu'un moyen : créer des citoyens français ». Nous n'avons pas à craindre que l'annexion de « 100.000 métèques tous les ans » nous livre à « de faux frères... Ridicules alarmes !... Nous n'avons rien à craindre de la formation d'éléments allogènes... Dix ans de séjour d'épreuve, c'est une longue période que d'excellents esprits proposent de réduire à

(1) 22 août 1926.

trois ans... ». Quelle différence entre cet article
absurde et celui du marquis de Roux nuançant
les conditions de la naturalisation suivant les
cas : la France, dit-il, ne doit « naturaliser que si
elle est sûre de... nationaliser en même temps ».
Il faut, ajoute-t-il, éliminer d'abord tous les
éléments physiquement et moralement indési-
rables et, pour cela, confier le service de la naturalisation à des Français de vieille souche. L'im-
migré « honnête, sain, laborieux », ne sera pas
transformé en Français par la vertu « sacramen-
telle » d'un décret. Il est dangereux de laisser se
former dans la nation des colonies étrangères,
surtout au voisinage de leur pays d'origine, et
si leurs membres sont plus nombreux que les
Français de la même région : naturalisées en bloc,
elles créeraient vite des municipalités sépara-
tistes. Il ne faudrait donc « accorder de natura-
lisations que *temporaires et révocables* ». En outre,
« la naturalisation serait graduelle. Le naturalisé
serait sujet français, partageant nos droits civils.
Son fils seul serait citoyen français ».

Toute cette étude est écrite avec une compétence et une sagesse qu'inspire seule la rectitude
des principes. Aussi bien ces mesures de repopulation par naturalisation d'allogènes seraient-
elles superflues si la France était restituée à sa
tradition catholique et royale. Mais *Le Quotidien*
a la réflexion plus courte : il continue avec un
entêtement de brute ou, plutôt, avec la ténacité
d'un organe au service de l'Anti-France, sa campagne de dénationalisation de notre pays : peu

de jours après cet article, il en publie un autre (1)
animé du même esprit, où il introduit le lecteur
par ces titres en gros caractères : « Les adoptions
difficiles. J'ai voulu me faire naturaliser. Il m'a
fallu attendre plus de trois ans et dépenser près
de deux mille francs. »

Le Quotidien veut également faire revenir
en France l'argent que les Français possèdent à
l'étranger : non point, bien sûr, pour que la
France en soit plus riche, mais pour permettre
à ses gouvernants d'achever de piller les Français. Le remède qu'il propose contre l'évasion
des capitaux, c'est une entente internationale
conclue à la Société des Nations en vue de la
répression des fraudes fiscales. *Le Quotidien* ne se
demande pas comment les Etats qui profitent
de l'évasion des capitaux français, à commencer
par Genève et la Suisse, pourraient renoncer au
profit qu'ils en tirent, ni n'avoue que le seul
moyen d'empêcher la fuite des capitaux consiste
à leur rendre confiance en leur assurant chez nous
la sécurité qu'ils n'y trouvent plus et vont chercher ailleurs. Mais on ne peut formuler ce remède
sans dénoncer l'unique cause du mal : notre
régime politique lui-même.

L'entrée de l'Allemagne à la Société des Nations, tel est, suivant *Le Quotidien*, « le point
essentiel » (2). Mais, s'« il faut recevoir l'Allemagne… il importe que l'Espagne et la Pologne

(1) 1ᵉʳ septembre 1926.
(2) 30 août 1926.

ne prennent pas congé de la Société ». Intérim
espère « voir la Société des Nations sortir saine et
sauve de cette rude épreuve... Il faut d'abord
que la S. D. N. vive ; après, nous ferons en sorte
qu'elle agisse ». Ah ! la belle garantie de paix ! « Le
temple de la Paix que Wilson voulait édifier à Genève ne serait-il que le temple de la Chicane ? » (1)
Quel aveu ! Mais *Le Quotidien* accuse « le fascisme » d'être la cause de ces difficultés !

Hostile à endormir les justes vigilances et à
amuser avec des rêveries le public qu'il veut
tromper, ce journal sert à ses lecteurs de copieux
et séduisants comptes rendus du congrès pacifiste international, organisé à Bierville par Marc
Sangnier. « La jeunesse pacifiste du monde est
destinée à vaincre » : ces paroles de Sangnier
sont reproduites en lettres capitales en première
page de l'organe radical-socialiste (2). « Les
pèlerins de la paix ont reçu hier la visite de
M. Nitti », annonce, le lendemain (3), *Le Quotidien* qui se garde bien d'apprendre à ses lecteurs
que Nitti, farouche gallophobe, applaudirait à
une guerre de l'Italie contre la France. Il publie
enfin, dans ses deux premières colonnes (4),
un grand article de Ferdinand Buisson, intitulé :
« A Bierville. Un congrès comme il y en a peu. »
Ce qui « faisait l'originalité saisissante de ces réunions, écrit Buisson, c'est que Marc Sangnier...

(1) 28 août 1926.
(2) 18 août 1926.
(3) 19 août 1926.
(4) 24 août 1926.

fait appel au sentiment. D'abord, le sentiment religieux... l'amour des hommes les uns pour les autres. Et puis, le sentiment d'union entre tous pour la paix du monde... Quand l'immense majorité de la jeunesse le voudra, dans tous les pays, elle fera triompher la Paix, elle tuera la Guerre. » — L'immense majorité ne suffira pas à tuer la guerre si une minorité astucieuse et armée entre en guerre contre cette majorité confiante et désarmée : il faudra que celle-ci fasse la guerre pour assurer la paix. Mais n'est-ce pas là l'histoire des hommes depuis la chute originelle ? La guerre cessera le jour où tous les hommes auront, non seulement le sentiment, mais l'intelligence et la volonté de l'amour du prochain, de la paix du monde désirable et nécessaire... le jour où ils seront des anges... Mais les anges eux-mêmes ont connu l'épreuve de la tentation, la révolte contre l'amour, la guerre, la chute...

Le Quotidien ne fournit plus sur la Russie des informations enchanteresses : « Des chômeurs ont manifesté dans de nombreuses villes de Russie... L'agitation est grande parmi les sans-travail... Il y a en ce moment en Russie, d'après les statistiques du commissariat du Travail, 1.200.000 chômeurs... » (1) Des dissentiments se font jour dans le Parti communiste russe, qui vient d'exclure « l'aile droite de l'opposition, avec son chef Ossovski... Le groupe Ossovski

(1) 11 août 1926.

est accusé d'avoir soutenu les points de vue des partis bourgeois et du parti menchevik : 1º en proclamant que la dictature du prolétariat est irréalisable dans un Etat paysan ; 2º en affirmant que les chefs communistes sont entre les mains de riches israélites dont ils servent les intérêts ; 3º en réclamant la formation d'un nouveau parti de communistes dissidents ; 4º en demandant que le parti russe renonce à diriger le Komintern ».

Le Parti communiste russe manifeste donc sa volonté de persister dans sa tentative de réaliser intégralement le programme marxiste.

Le programme radical-socialiste du *Quotidien* en est-il donc si éloigné ? Ce journal publie (1) en première page, en gros caractères, cette citation de Rathenau : « La consommation n'est pas affaire privée, mais affaire de la collectivité, de l'Etat, de l'humanité. » Et aussi, comme de juste, la production ? Mais voilà le collectivisme intégral de Karl Marx, le communisme bolchevik russe ! Les radicaux-socialistes ne sont que les réalisateurs opportunistes de ce programme bolchevik dont les communistes sont les théoriciens intransigeants. Les uns et les autres fraternisent : ils visent au même but, la suppression de la propriété privée et l'esclavage de tous les hommes au profit du patron-propriétaire-Etat. Mais les uns veulent nous y mener peu à peu en nous endormant et en nous

(1) 25 août 1926.

trompant ; les autres, nous jeter tout de suite, violemment, dans le même abîme de douleur. L'hypocrisie du *Quotidien* le rend infiniment plus dangereux que la franche canaillerie de son compère *L'Humanité*.

Que le régime soviétique ait transformé la Russie en un Eden désirable, *L'Humanité* nous en fournit les témoignages les plus probants. Ainsi, « Douglas Fairbanks et Mary Pickford, les deux *as* bien connus du cinéma », ayant « séjourné dernièrement deux jours à Moscou, où ils ont eu des pourparlers avec des producteurs de films soviétiques », ont, « avant leur départ,... fait aux journalistes présents les déclarations suivantes : Dès que nous avons passé la frontière, nous avons senti la grande puissance et l'énergie de la Russie soviétique, son extraordinaire vitalité, sa virilité étonnante ; on comprend que quelque chose de grand croît sur ce sol, quelque chose de solide comme un chêne » (1). Le député socialiste anglais Landsbury, ayant visité Léningrad et Moscou, déclare que « la Russie des Soviets lutte pour édifier sur de nouvelles bases une vie qui rompe entièrement avec le passé » (2). Et « les ouvriers allemands délégués en U. R. S. S. déclarent : C'est là qu'on voit la démocratie la plus pure... Nous avons maintenant la certitude que le socialisme collectiviste n'est pas une utopie, mais qu'il

(1) 20 août 1926.
(2) 22 août 1926.

.peut devenir la réalité d'une classe au pouvoir » (1).

Si de pareils témoins ne suffisent pas à emporter et assurer notre conviction, les exposés de Boukharine sur « la situation économique de l'Union soviétique » (2) paraîtront peut-être plus impressionnants. Du moins faut-il avouer qu'à défaut de preuves, Boukharine prodigue les fortes affirmations : « La croissance de notre économie, la croissance des forces productives de notre pays est un fait universellement reconnu chez nous, même par nos pires adversaires. Nos ennemis les plus acharnés et les plus aveugles sont aujourd'hui obligés de reconnaître notre croissance économique. » D'année en année, la Russie, au dire de *L'Humanité*, développe la prospérité qu'elle doit au régime communiste : l'état de ses finances, avec la stabilité de la nouvelle unité monétaire, est véritablement enviable (3) ; Moscou ne cesse de s'embellir (4) ; la Carélie va être électrifiée ; la Géorgie s'enrichit de nouvelles usines (5). D'ailleurs, le régime soviétique n'est pas l'ennemi du « capital privé », qui est le capital possédé par le travailleur manuel, mais du capital capitaliste, qui est celui possédé par l'homme qui fait travailler d'autres hommes : « Nous devons distinguer,

(1) 23 août 1926.
(2) 22 août 1926.
(3) 30 août 1927.
(4) 2 et 16 août 1927.
(5) 16 août 1927.

écrit Boukharine (1), entre l'économie privée de notre pays et une économie privée capitalise. » Nous voyons ici les bolcheviks, obligés de s'incliner devant l'obstination des paysans innombrables à prendre et garder contre l'Etat la terre, ériger en théorie un opportunisme passager et prudent. C'est ce qui leur permet de dire qu'ils ne s'attaquent pas à la petite propriété. Mais, en fait, ils ne lui concèdent qu'une existence précaire et la réduisent à un état si misérable qu'ils continuent de régner sur un peuple de gueux, pressurés à merci. Et cette concession reste une violation flagrante du principe socialiste, un aveu de leur impuissance à l'appliquer intégralement, une preuve de la malfaisance d'un système contre nature.

L'Humanité ne vante pas moins « l'œuvre culturelle de la République des Soviets » (2), le « camarade et vénérable ami, le professeur Bogoraz-Tan, de l'Université de Léningrad », lui ayant affirmé que les peuples de Russie « montent du Midi, descendent du Nord, arrivent, fervents, des neiges désolées de la Sibérie, des huttes de la Kolyma, ne sachant qu'un mot : apprendre ». C'est, en effet, tout ce que l'on peut savoir dans cette République des Soviets qui est incapable de rien enseigner, ayant tout anéanti de l'œuvre des tsars civilisateurs.

Toute mesure de défense contre les tentatives

(1) 26 août 1926.
(2) 25 août 1926.

de subversion sociale dans les autres pays de l'Europe est présentée par *L'Humanité* comme une intolérable injustice. Ainsi, le gouvernement roumain fait arrêter le secrétaire de la C. G. T. U. roumaine : c'est « un coup de force » (1). Des révolutionnaires hongrois ont été condamnés par des conseils de guerre français : ces sentences sont des « crimes de la France contre-révolutionnaire..., l'immonde France..., cette France abjecte... » (2).

Aussi bien *L'Humanité* poursuit-elle contre la France et pour le compte de « l'Assemblée nationale insurrectionnelle élue en Syrie » et siégeant au Caire « la lutte pour l'indépendance » de la Syrie. Traduisons : pour la liberté de l'anarchie syrienne dont le départ de nos troupes serait le signal. Mais, poursuit *L'Humanité* (3), « le quai d'Orsay ne discute point avec les représentants d'un peuple qui veut vivre libre : il prétend asservir la Syrie — y installer le champ d'atterrissage des avions qui iront de Paris à Annam... ». Effroyable tyrannie ! Les ouvriers étrangers immigrés en France en subissent, eux aussi, les effets. Sous le titre général « Prolétaires de tous pays », *L'Humanité* leur consacre une série d'articles — « Ceux que la Terreur chasse de Roumanie » (4), « Aux mornes frontières du beau Paris, dans les baraques de la porte Cli-

---

(1) 26 août 1926.
(2) 26 août 1926.
(3) 26 août 1926.
(4) 24 août 1926.

gnancourt » (1), où gîtent Albanais, Portugais, Espagnols, « ouvriers immigrés de la Tchéco-Slovaquie au prolétariat puissant » et, « nouveaux prolétaires, les Russes wrangéliens » (2), — et imagine ou dépeint et excite leur mécontentement, jetant l'huile sur le feu, recrutant et mobilisant tous ces déracinés pour la grande armée révolutionnaire qui couvre Paris, sa banlieue, les grands centres industriels du pays.

Français et étrangers ainsi mobilisés ornent la Section française de l'Internationale unitaire, le Parti communiste. Dans son article, « Notre Parti devant les masses » (3), Pierre Semard en résume ainsi le programme financier : « Annulation des dettes extérieures, conscription des grandes fortunes, nationalisation des banques et grands monopoles de fait, établissement du monopole du commerce extérieur, application du contrôle ouvrier et paysan... Ces mesures énergiques... permettraient de *prendre l'argent là où il est...* »

Pour aboutir à l'application de ce programme, le Parti communiste utilise tous les faits susceptibles de provoquer en France de l'agitation : les mineurs anglais s'obstinant depuis des mois à faire grève, le « Comité international de propagande et d'action des mineurs révolutionnaires » lance un « Appel » aux « Travailleurs du sous-sol : venez au secours de vos frères anglais en

(1) 21 août 1926.
(2) 19 août 1926.
(3) 30 août 1926.

grève ! » que l'*Humanité* publie (1) sous le titre
général et la formule guerrière — tellement
ces pacifistes sont : 'litaristes — : « Le front
ouvrier ». On y lit (2) que « les mineurs français affirment leur solidarité. Partout, la grève
réussit. Par dizaines de milliers, les mineurs
désertent les puits : Nord, 70 % de chômeurs ;
Pas-de-Calais, 70 % ; Loire, 95 % ; Gard, 70 % ;
Moselle, 50 %. » Le Gouvernement et le Parquet semblent-ils s'inquiéter de l'effort fait
par le Parti communiste pour connaître et
noter la situation militaire de ses adhérents ?
L'Humanité crie : « Alerte au Prolétariat ! Le
Parti en danger ! A la veille des élections, le
gouvernement Poincaré-Herriot se prépare à
lancer un nouveau complot pour décapiter les
organisations révolutionnaires. *L'Humanité* menacée de suppression ! » En même temps, c'est
« Une grande journée à Genève : les impérialismes
sont mis « au pied du mur », parce que le désarmement général des Etats est proposé à la Société des Nations par l'Union soviétique russe et
par l'Allemagne » (3). Voilà les deux puissances
de paix ! Si leur projet n'est pas adopté, c'est
que les Etats capitalistes veulent et préparent
la guerre ! Ainsi est entretenu et exalté l'esprit
révolutionnaire et les multitudes entraînées peu
à peu, par de grandes manœuvres savantes, à
la guerre mondiale des classes.

(1) 12 août 1926.
(2) 10 août 1926.
(3) 20 mars 1928.

Ces citations du *Quotidien* et de *L'Humanité*, recueillies au cours de mon séjour à Romans-sur-Isère, montrent de quel aliment se nourrit l'esprit des ouvriers militants, depuis les plus modérés jusqu'aux plus fanatiques des meneurs, qui constituent les cadres de la population salariée et lui fournissent ses chefs.

La majorité des ouvriers de Romans et Bourg-de-Péage est composée de radicaux-socialistes et surtout de socialistes cégétistes. Mais la minorité de communistes et le petit groupe d'anarchistes la noyautent : les communistes, très fortement organisés et très actifs, se livrent à une ardente propagande, collant sur les murs papillons et affiches, distribuant placards, tracts et brochures à la porte des usines. Des radicaux-socialistes aux anarchistes, un même esprit les anime tous ; ils respirent la même atmosphère intellectuelle et morale ; les communistes sont le ferment actif de la masse ouvrière dont ils déterminent l'orientation et inspirent les mouvements.

Des ouvriers en petit nombre sont catholiques pratiquants. Le patronage Saint-Hippolyte entretient une école de garçons fréquentée par plus de cent élèves ; le patronage compte deux cents hommes et jeunes gens qui s'adonnent avec entrain aux sports, mais se montrent malheureusement peu enclins, comme une trop grande partie de la jeunesse bourgeoise d'après-guerre, à la culture intellectuelle ; le cercle d'études est peu fréquenté, malgré les efforts des Salésiens qui dirigent le patronage.

Lorsque l'enfant quitte l'école catholique pour l'atelier, il est aussitôt entouré par les socialistes et les communistes qui en font le siège ; ils l'accablent de prévenances, lui offrent l'apéritif, le traitent avec amitié pour gagner sa confiance. S'il résiste à leur propagande, ils changent de méthode. Le jeune garçon est alors l'objet d'indignes brimades : outils cachés ou brisés, vêtements déchirés, salis ou volés. S'il continue de résister, ils ont recours aux mauvais traitements : par exemple, au vestiaire, ils jettent les effets de l'apprenti sur le sol et, pendant que le petit persécuté se baisse pour les ramasser, ils le frappent à coups de pieds ou de poings ou avec leurs ceintures de cuir. L'humanitarisme de ces fanatiques est cruel et odieux. Il arrive que, de guerre lasse, leur victime finit par capituler. D'autres font preuve d'un héroïsme admirable : ils ne se laissent pas vaincre. Mais plus d'une victime de cette guerre sauvage, à bout de forces, au terme de la cruelle journée de travail, est allée, le soir venu, confier aux Salésiens sa peine et, là, donnant cours à une émotion trop longtemps contenue, a fondu en larmes.

L'Etat agit par d'autres pressions pour amener à l'apostasie ces jeunes chrétiens. La précarité de la vie ouvrière, que ne protège pas l'organisation corporative, pousse beaucoup de pères de famille à rechercher pour leurs enfants de modestes emplois publics qui, du moins, leur assureront une retraite. Alors, commence le chantage « laïque ». L'administration n'admet que les renégats. Et, comme elle exploite le besoin matériel, la nécessité de vivre, elle en trouve. Ou bien l'enfant est placé dans une école officielle d'apprentissage : il y est tenu à l'écart de la vie religieuse ; la famille n'ose protester de peur de compromettre le modeste avenir professionnel du jeune garçon ; sous la contrainte administrative, elle s'incline, résignée au mal.

Aussi, un petit groupe d'ouvriers est-il résolu, pour défendre sa foi religieuse comme pour assurer, avec ses libertés professionnelles, la sécurité, l'indépendance et la prospérité de sa patrie, à travailler à la restauration de la Monarchie très chrétienne. Catholiques et royalistes, membres du Tiers-Ordre de Saint-François, ce sont des hommes admirables, qui donnent l'exemple de tous les dévouements, de toutes les vertus individuelles, familiales et sociales. L'un d'eux, père de sept enfants, se dévoue à toutes les œuvres de propagande et de mutualité ; sa fille aînée quitte l'usine pour entrer au couvent ; son fils aîné se destine au sacerdoce. Un autre de ces ouvriers, au cours de la conversation, exprime souvent des pensées de recours à Dieu et d'entier abandon à sa volonté. Il m'emmène, un dimanche matin, après la messe, prendre chez lui du café au lait, du pain et du beurre : « Nous sommes les moins nombreux, me dit-il, et nous vaincrons cependant, comme les soldats de Gédéon, malgré notre petit nombre et la fai-

blesse de nos moyens, parce que nous travaillons
pour Dieu et qu'il est avec nous et veut faire
éclater sa puissance. Cherchons la qualité des
recrues plus que leur quantité et, par-dessus tout,
la volonté divine. Souvenons-nous toujours des
soldats de Gédéon : le Seigneur a voulu qu'ils
ne fussent qu'une poignée et seulement armés
de trompettes et de flambeaux, mais pleins
de son Esprit, soumis à ses inspirations, s'aban-
donnant à Lui en toute confiance, préparés par
la prière et chantant des cantiques. Et ils furent
vainqueurs d'une armée !... ».

Voilà l'espoir de l'Eglise et de la France,
l'honneur de la classe ouvrière.

§ 5. — *Etat religieux.*

Ce sont ces mêmes ouvriers catholiques et
royalistes qui montrent le plus de zèle pour
prendre part au « *Grand Voyage* ».

Le premier « chemin de croix » que la piété
des chrétiens imagina et introduisit en Europe
fut installé à Romans. En 1515, Romanet de
Boffin, originaire de cette ville, y fit ériger un
Calvaire et 34 « stations ». La pratique de
dévotion du « Chemin de croix » reçut alors
la dénomination de « Grand Voyage ». Mais
Romanet de Boffin souffrit persécution pour
l'établir : la construction des monuments le
ruina ; il fut injurié, frappé, traîné en justice,
désapprouvé par l'autorité ecclésiastique qui

alla, pour briser son obstination généreuse, jusqu'à jeter l'interdit sur la ville, ce qui eut pour résultat de faire abandonner Boffin par tous ses amis. Mais le roi François Ier intervint en sa faveur, puis le pape Léon X et le Parlement du Dauphiné. Sous leur influence, l'opinion publique fut retournée et de grandes foules se rendirent en pèlerinage au calvaire de Romans. Les protestants détruisirent calvaire et stations, qui furent reconstruits après que les guerres de religion eurent pris fin. En 1794, les Jacobins les démolirent à nouveau. La Restauration permit leur rétablissement en 1820. Mais le fanatisme athée de la IIIe République a interdit les processions. Des stations, il ne reste plus qu'une trentaine, disséminées à travers une partie de la ville et de ses abords, les autres ayant été récemment démolies à l'occasion de travaux de voirie. Les stations subsistantes sont encore figurées, sur les façades des maisons, par des niches à l'abandon, aux grilles arrachées, aux fresques à demi effacées ou tout à fait disparues. Malgré cette dévastation, un groupe d'ardents catholiques refait, dans les circonstances solennelles ou graves, chaque nuit du Samedi Saint et à l'aube de certains jours d'été, le pèlerinage de la Voie douloureuse. A l'heure où toute la ville dort encore ou commence à s'éveiller, le cortège suit ce long parcours, déroulant pendant plus de deux heures ses supplications.

Cette année-là, je fus du « Grand Voyage »,

qui s'accomplit au matin du dimanche 22 août, à l'occasion de la Saint-Louis et pour le salut de la France.

Dès quatre heures du matin (1), dans la nuit silencieuse, une cinquantaine de femmes, jeunes filles et ouvriers royalistes du Tiers-Ordre franciscain sont groupés devant la première station et prient. Puis ils partent, en prière, s'enfoncent dans le chemin obscur, descendent les degrés de l'escalier de Josaphat enseveli sous les hautes maisons muettes, gagnent les berges de la Savasse qui figure le torrent du Cédron, montent les « Côtes », descendent les ruelles, serpentent à travers le labyrinthe des petites voies tortueuses, sur les durs cailloux et les degrés glissants, dans la nuit finissante dont le bleu sombre va bientôt pâlir. Un piétinement confus, un murmure de prières accompagnent leur passage entre les petites maisons closes. Par le dédale désert de la ville endormie, s'avance la procession suppliante, implorant le pardon des péchés, multipliant les oraisons pour les persécuteurs, les incrédules et les impies, se recueillant en méditations sur les souffrances du Sauveur et sa passion rédemptrice et jetant des appels à sa miséricorde, récitant litanies et rosaire, semant les invocations où revient, prononcée d'une voix où l'orante fait passer toute l'ardeur confiante de son âme, l'invocation : « Saint Louis, roi de France, priez pour nous ! »

(1) Trois heures, heure solaire.

... L'aube commence à peine de blanchir un coin du ciel : assis déjà sur le seuil de son logis, un vieil ouvrier se découvre. Plus loin, à l'aurore, sur le chemin qui sort de la ville, un homme, roulant à bicyclette avec lignes et filets de pêche, ne nous dépasse pas sans soulever son chapeau. Le jour vient : pendant que nous sommes arrêtés en prière devant une des chapelles du voyage de douleur, un jeune ouvrier d'une vingtaine d'années, qui file à bicyclette avec ses engins de pêche, retire, d'un geste large, sa casquette. D'autres ouvriers pédalent vers la campagne et passent tout contre nous, muets, hostiles. De leur boutique qu'ils viennent d'ouvrir, deux boulangers nous regardent avec un demi-sourire d'ironie et de pitié. Parfois, un volet s'entr'ouvre et une tête s'avance, curieuse du bruit confus, inaccoutumé, qui monte de la rue. D'autres fois, il est arrivé que des injures furent proférées et que même furent jetées des pierres... La troupe orante passe, en marche vers le Calvaire et le Sépulcre qu'envahissent les herbes folles et les ronces... Contre la foi que les pieux pèlerins professent, la République, depuis un demi-siècle, a mobilisé toutes les forces vives de la nation, les ressources variées de l'Etat, les milliards du budget, la troupe, la police, les juges, les huissiers, les geôliers, la menace, le vol, toutes les violences... Voilà la troupe en prière qui fait trembler de rage des gouvernants infâmes. « Le cléricalisme, voilà l'ennemi ! » a crié, à Romans, Gambetta, en tenant la République naissante sur les fonts baptismaux de la Maçonnerie. « Nous sommes séparés de vous par toute l'étendue de la question religieuse », disait, après la Grande Guerre, aux catholiques, le chef du Bloc national et premier ministre de la République finissante, Poincaré.

La ville de Romans compte deux paroisses, Saint-Barnard et Saint-Nicolas, et cinq chapelles : Sainte-Marthe, Sainte-Claire, l'Hôpital, les Récollets et le patronage Saint-Hippolyte.

Je puis donner une statistique complète des assistants de toute la ville aux messes dominicales. Elle a été prise par pointage des entrants, pour Saint-Barnard, à la fin d'août, et, pour les autres lieux du culte, en novembre et décembre.

A Saint-Barnard (1), les quatre messes domi-

(1) Messe de 6 h. — A l'*Introïbo*, il y a 6 hommes, 44 femmes, 11 jeunes filles. A l'Evangile, il est arrivé 2 hommes, 13 femmes, 3 jeunes filles, 1 fillette. Pendant l'Offertoire, entrent 2 hommes et 1 femme. Au total, 83 personnes.

Messe de 8 h. — A l'*Introïbo*, il y a : 10 hommes, 90 femmes, 40 jeunes filles, 5 jeunes gens, 10 fillettes, 8 jeunes garçons. Jusqu'à l'Evangile, il arrive 3 hommes, 30 femmes, 7 jeunes filles, 3 fillettes, 2 jeunes garçons. Pendant l'Offertoire, 1 homme, 5 femmes, 1 fillette, 1 garçonnet. Après l'Elévation, 10 femmes, 1 jeune fille, 1 fillette. Au total, 228 personnes, dont 20 survenues trop tardivement. Sur ce nombre, 1 homme est sorti pendant l'Elévation, 13 femmes aussitôt après l'Elévation, 6 femmes et 3 jeunes filles à la communion du prêtre, une dizaine de femmes

—nicales réunissent 1.129 personnes, dont 152 hommes, 520 femmes, 232 jeunes filles, 46 jeunes gens, 102 fillettes et 77 jeunes garçons.

On constate que de trop nombreuses personnes arrivent tardivement ou partent prématurément, ou même arrivent tard et partent tôt, réduisant l'assistance à la messe à une brève apparition à l'église.

C'est à la messe de onze heures que l'élément bourgeois prédomine. Aux autres messes, on ne voit guère que des personnes modestes, des

pendant les dernières oraisons et autant pendant le dernier évangile.

Grand'messe, à 9 h. — A l'*Introïbo*, il y a 22 hommes, 92 femmes, 40 jeunes filles, 1 jeune homme, 26 fillettes, 12 garçonnets. Jusqu'au *Credo*, il arrive 6 hommes, 31 femmes, 8 jeunes filles, 7 fillettes, 4 jeunes garçons. Pendant le Canon, 7 hommes, 7 femmes, 5 jeunes filles, 2 jeunes gens, 2 fillettes, 2 jeunes garçons. Après l'Elévation, 6 hommes, 7 femmes, 1 jeune fille, 2 jeunes gens. Au total, 290 personnes. Il faut remarquer que 1 homme, 15 femmes, 1 jeune fille, 2 fillettes sont partis aussitôt après l'Elévation ; 1 homme, 8 femmes, 1 jeune fille, 3 fillettes, 1 jeune garçon, à l'*Agnus Dei* ; 2 femmes et 2 jeunes filles, aussitôt après la communion du prêtre ; 1 homme, 3 femmes, 4 jeunes filles, 1 fillette, pendant les dernières oraisons.

Messe de 11 h. — A l'*Introïbo*, sont présents : 58 hommes, 119 femmes, 81 jeunes filles, 18 jeunes gens, 39 fillettes, 31 jeunes garçons. Jusqu'au *Credo*, il arrive 14 hommes, 37 femmes, 14 jeunes filles, 7 jeunes gens, 5 fillettes, 9 jeunes garçons. Pendant l'Offertoire : 9 hommes, 20 femmes, 15 jeunes filles, 7 jeunes gens, 4 fillettes, 2 jeunes garçons. Après l'Elévation : 6 hommes, 14 femmes, 6 jeunes filles, 4 jeunes gens, 3 fillettes, 6 jeunes garçons. Au total, 528 personnes. Mais 3 hommes, 5 femmes, 3 jeunes filles et 3 fillettes sont partis aussitôt après l'Elévation ; 1 homme et 2 femmes, au *Pater* ; 1 homme, 3 femmes, 2 jeunes filles, 8 jeunes gens, 2 jeunes garçons, à la communion du prêtre.

gens du peuple et presque tous les hommes semblent appartenir à la classe ouvrière.

A Saint-Nicolas, trois messes sont célébrées le dimanche (1). L'église contient 15 bancs pouvant porter chacun 7 enfants et 271 chaises (sans compter un certain nombre de chaises en tas sous la tribune) : ce qui fait 348 places préparées pour le public. Si toutes ces places étaient occupées à chaque messe, 1.044 personnes auraient assisté à la messe d'obligation. En octobre, après la rentrée des classes, il en vient 743. L'église serait donc singulièrement insuffisante pour desservir une paroisse d'environ 9.000 âmes, si toute la population était croyante et empressée à remplir ce devoir de religion.

(1) Messe de 6 h. — A l'*Introïbo*, il y a 9 hommes, 57 femmes, 58 jeunes filles, 5 jeunes gens, 1 fillette, 1 jeune garçon. A l'Evangile, arrivent 4 femmes, 9 jeunes filles, 1 jeune homme. A l'Offertoire, 3 jeunes filles. Le total est de 9 hommes, 61 femmes, 70 jeunes filles, 6 jeunes gens, 1 fillette, 1 garçonnet. Soit 148 personnes.

Messe de 7 h. 30. — A l'*Introïbo*, on compte 8 hommes, 53 femmes, 81 jeunes filles, 7 jeunes gens, 4 fillettes et 5 jeunes garçons. A l'Evangile, surviennent 4 femmes, 2 jeunes filles, 1 fillette, 1 garçon. A l'Offertoire, 1 homme, 1 femme, 3 jeunes filles. Au total, 9 hommes, 58 femmes, 86 jeunes filles, 7 jeunes gens, 5 fillettes, 6 garçons. Soit 171 personnes.

Grand'messe à 10 h. — A l'*Introïbo*, il y a 28 hommes, 95 femmes, 97 jeunes filles, 9 jeunes gens, 125 fillettes, 23 garçons. A l'Evangile, arrivent 8 hommes, 14 femmes, 7 jeunes filles, 2 jeunes gens, 7 fillettes, 1 garçon. A l'Offertoire, 1 homme, 2 femmes, 1 jeune fille, 3 fillettes, 1 garçon (aussitôt après l'Elévation, sont sortis 3 hommes, 10 femmes, 6 jeunes filles, 1 jeune homme, 1 garçon). Au total : 37 hommes, 111 femmes, 105 jeunes filles, 11 jeunes gens, 135 fillettes, 25 jeunes garçons. Soit 424 personnes.

Les 743 assistants se répartissent de la façon suivante : 55 hommes, 230 femmes, 261 jeunes filles, 24 jeunes gens, 141 fillettes et 32 garçonnets.

Les deux messes de la chapelle Sainte-Marthe (1) réunissent, en octobre, 29 hommes, 148 femmes, 107 jeunes filles, 15 jeunes gens, 8 fillettes, 11 garçons. Soit 318 personnes.

Dans la chapelle Sainte-Claire, en novembre, à l'unique messe de 7 h. 20 (2), on compte 1 homme, 25 femmes, 26 jeunes filles, 3 jeunes gens, 1 fillette, 1 jeune garçon. Soit 57 personnes.

Une messe est célébrée à 7 h. 30, à la chapelle de l'Hôpital. Y assistent, un dimanche de décembre, 1 homme, 10 femmes, 4 jeunes filles et 2 fillettes. Soit 17 personnes.

Une messe est dite à 9 h. à la chapelle des Récol-

---

(1) Messe de 7 h. — A l'*Introïbo*, il y a 16 hommes, 72 femmes, 45 jeunes filles, 8 jeunes gens, 6 fillettes, 7 garçons. A l'Evangile, arrivent 2 femmes; à l'Offertoire, 2 femmes et 1 jeune fille. Au total, 16 hommes, 76 femmes, 46 jeunes filles, 8 jeunes gens, 6 fillettes, 7 garçons. Soit 159 personnes.

Messe de 8 h. 30. — A l'*Introïbo*, sont présents 9 hommes, 58 femmes, 42 jeunes filles, 3 jeunes gens, 2 jeunes garçons. A l'Evangile, arrivent 4 hommes, 13 femmes, 18 jeunes filles, 2 jeunes gens, 1 fillette, 2 garçons. A l'Offertoire, 1 femme, 1 jeune fille, 2 jeunes gens, 1 fillette (aussitôt après l'Elévation, sortent 2 femmes, 2 jeunes filles, 1 fillette). Au total, 13 hommes, 72 femmes, 61 jeunes filles, 7 jeunes gens, 2 fillettes, 4 garçons. Soit 159 personnes.

(2) A l'*Introïbo*, on comptait 1 homme, 21 femmes, 24 jeunes filles, 3 jeunes gens, 1 fillette, 1 garçonnet. A l'Evangile, sont arrivées 3 femmes et 2 jeunes filles. Après l'Elévation, 1 femme. Neuf personnes sont parties à la communion.

lets (1). Un dimanche de décembre, on y compte 9 hommes, 18 femmes, 10 jeunes filles, 4 jeunes gens, 12 fillettes et 8 jeunes garçons. Soit 61 personnes.

Chaque mois, le patronage Saint-Hippolyte assiste, le dimanche, à la messe dans une paroisse. Le premier dimanche de novembre 1926, à Saint-Barnard, à 8 h., la messe du patronage a réuni 120 fidèles, dont 15 hommes, 46 jeunes gens et 59 jeunes garçons (2).

Si les 300 enfants, jeunes gens et adultes du patronage assistaient, chaque dimanche, à la messe dans la chapelle Saint-Hippolyte, nous pourrions les ajouter au total des assistants aux messes dominicales des églises et chapelles de la ville. Il n'en est rien. Nous ferons cependant cette addition pour être sûrs de ne pas donner un chiffre global qui soit inférieur à la réalité.

Dans les deux paroisses et les quatre chapelles, 2.325 personnes assistent à la messe dominicale, dont 247 hommes, 951 femmes, 640 jeunes filles, 92 jeunes gens, 266 fillettes, 129 jeunes garçons.

---

(1) A l'*Introïbo*, il y avait 8 hommes, 12 femmes, 8 jeunes filles, 4 jeunes gens, 10 fillettes, 5 jeunes garçons. A l'Evangile, sont arrivés 1 homme, 5 femmes, 1 jeune fille, 2 fillettes, 3 garçonnets. A l'Offertoire, 1 femme et 1 jeune fille.

(2) A l'*Introïbo*, 12 hommes, 39 jeunes gens et 53 jeunes garçons étaient présents. Jusqu'à l'Evangile, sont arrivés 2 hommes, 2 jeunes gens et 6 jeunes garçons. A l'Offertoire, 1 homme et 5 jeunes gens.

En y ajoutant 300 enfants, jeunes gens et hommes du patronage Saint-Hippolyte, nous arrivons à un total de 2.625 personnes sur une population de 18.000 âmes. Le septième de la population, soit de 14 à 15 %, assiste à la messe dominicale.

CHAPITRE II

Decazeville (1).

§ 1. — *Les Hauts Fourneaux.*

Avant-hier, samedi, je suis allé louer mes bras. Après plusieurs stations dans les bureaux

(1) Je me suis rendu de Romans à Decazeville à travers l'est et'le sud du Massif Central. Voici quelques indications, relatives aux conditions de la vie ouvrière, que j'ai recueillies en cours de route.

En gare de Valence, je me trouve dans la salle d'attente avec un ouvrier de 25 à 28 ans qui se rend travailler à Vienne. Il a fait le voyage depuis Marseille sur une motocyclette qu'il a achetée 5.000 fr. Un dérapage, à l'entrée de Valence, lui ayant causé au pied une contusion, il achève en chemin de fer le voyage. Mais il eût préféré le faire en motocyclette, de même qu'au lieu d'acheter des titres avec ses économies il avait préféré acquérir une motocyclette.

A Saint-Etienne, dans un restaurant ouvrier, très modeste et fort malpropre, je paie 7 fr. un déjeuner composé de : pain, un quart de litre de vin rouge, quatre radis, des pommes sautées, un petit morceau de mouton grillé, du fromage.

A six heures du soir, dans le train de Saint-Etienne au

de l'embauchage et de l'ingénieur, j'ai reçu un bulletin de visite médicale pour le lundi matin.

... Le jour s'est paresseusement levé dans le brouillard : les épaisses vapeurs blanchâtres d'un matin de fin d'été où déjà se fait sentir la venue de l'automne noient la vallée, les maisons, les rues ; les hautes cheminées de l'usine s'y élancent d'un jet et s'y perdent ; le sommet des halls énormes touche ce plafond fantomal. Je ne vois plus, dans un déchirement de brumes, que le cercle de terre noire et de fer couleur de rouille où je dois gagner mon pain, les cours irrégulières, ou étroites ou amples,

Puy, une foule d'ouvriers et d'ouvrières montent au Clapier et à Bellevue pour rentrer chez eux, dans les villages de la montagne, jusqu'à une heure de chemin de fer de Saint-Etienne. Un prêtre traversant le couloir, deux jeunes ouvriers — 17 à 18 ans — se livrent à une mimique outrageante : l'un se signe par dérision, l'autre se bouche le nez avec affectation. Deux ouvrières, ayant pris place dans le compartiment, sont, tout le long du trajet, lutinées par plusieurs ouvriers ; l'un d'eux porte au doigt une alliance. Ces mœurs se propagent ensuite dans les villages. Ecole laïque, promiscuité, instincts débridés : et voilà toute une société qui s'effondre.

Le Puy. — Dans un hôtel pour petites gens du peuple, je paie 10 fr. une chambre. Le matin, dans une épicerie-buvette, située dans une ruelle, je prends un grand bol de café au lait avec du pain : 2 fr.

Langogne. — Dans un café-restaurant misérable, fréquenté par des ouvriers et des paysans, je paie 7 fr. un déjeuner composé de soupe, pommes en ragoût, civet de lapin, fromage, café, une bouteille de vin rouge et du pain.

Séverac-le-Château. — Je paie 7 fr. la chambre et 9 fr. le déjeuner : soupe, sardine à l'huile, civet de lapin, salade de haricots verts, petite tr. che de gigot, fromage, poire, pain frais et une bouteille vin rouge.

ménagées entre les bâtiments métalliques d'où sort une rumeur, un grondement. Je marche au milieu de rails, entre des files de wagonnets, des masses de ferraille et de fonte ; un hall immense, ouvert à tous vents, aligne sous sa coiffe métallique des piliers innombrables où des hommes armés de lourdes pinces tirent sur un long ruban de feu, une tige souple et rutilante qui glisse sur le sol noir, à travers une nef sombre ; plus loin, un pont roulant transporte à travers une cour de lourds matériaux. La façade encrassée de l'hôpital est là, demi-voilée de quelques feuillages. Des Africains, un Russe, un Français blond, un Italien brun attendent leur tour de visite. Le médecin, après examen, ayant noté sur la feuille « Rien à signaler », nous retournons dans les bureaux des Seigneurs du Porte-plume, à l'embauchage et chez l'ingénieur, d'où chacun, enfin muni de son bulletin d'affectation, peut le porter à son contremaître. Un pâle rayon de soleil perce les nuées basses : même pour cette terre, nous ne sommes pas sans espérance... La matinée va finir : le brouillard achève de fondre ; le ciel bleu pâle reparaît et aussi le cercle des maisons noires que déborde le faîte arrondi des mamelons verts.

A chaque nouvel embauché est remis un « *Règlement de la Société de secours mutuels des ouvriers et employés des Usines de Decazeville* ». La participation à cette société est « obligatoire pour tous les ouvriers et entrepreneurs non soumis aux obligations de la loi du 29 juin

1894 sur les Caisses de secours et de retraites des ouvriers mineurs ». La Caisse est alimentée par une retenue de 2,5 % sur le salaire et par une subvention de la Compagnie de 0,5 % des mêmes salaires. Les sociétaires malades ont droit aux soins médicaux, aux médicaments, à une indemnité de un franc par jour, accrue, pour les pères de famille, de vingt centimes pour leur femme et de quinze centimes pour chaque enfant qui ne travaille pas. Si l'état de la caisse le permet, des secours peuvent être accordés aux sociétaires nécessiteux à qui l'âge ou les infirmités ne permettent plus le travail et qui ont servi la Compagnie pendant vingt ans.

Nous trouvons là une très légère indication des services que pourrait rendre l'organisation corporative. Dans celle-ci, la coopération financière de tous les éléments producteurs atteindrait à un degré de puissance qui permettrait au Métier d'assumer progressivement toutes les charges auxquelles le souci des besoins essentiels de l'existence l'oblige à s'efforcer de satisfaire. Ce que l'ouvrier, sous l'influence des idées démocratiques, étatistes et, pour parler net, socialistes, demande à l'Etat et en attend, et que l'Etat ne peut essayer de lui fournir sans crouler sous le fardeau, sans asservir et ruiner tous les citoyens en se ruinant lui-même, le Métier organisé peut, sans difficulté, mais avec le temps, le lui donner sans porter atteinte à sa liberté, en sauvegardant et accroissant même sa dignité d'homme et de citoyen. Cette Société de secours mutuels des Usines de la Cie de Decazeville n'esquisse qu'un trait infime de l'œuvre puissante que des employeurs dégagés de l'erreur libérale et des salariés dégagés de l'erreur socialiste pourraient créer sans peine dans la vérité corporative. Du moins le fait de l'existence de cette Société constitue-t-il un désaveu, pour timide qu'il soit, de l'économie individualiste et marque-t-il comme un début d'orientation vers l'organisation professionnelle. La Société est administrée par un conseil de neuf membres dont six ouvriers : le directeur des Etablissements de Decazeville, l'ingénieur principal des Usines, un contremaître, deux ouvriers de la forge, deux des ateliers, un des hauts fourneaux et aciéries, un de la carbonisation. C'est ici que l'idée de cogestion se justifie et trouve son terrain de réalisation : il s'agit, en effet, de biens et d'intérêts communs à tous ceux dont les représentants siègent dans ce conseil. En outre, dans l'administration des fonds de la Société, les ouvriers administrateurs prennent contact avec les réalités et s'accoutument à traiter les affaires dans un esprit positif, en hommes d'affaires ; le règlement des intérêts en jeu ne dépasse, du reste, pas leur compétence. Enfin, les relations personnelles qui s'établissent entre les diverses classes représentées dans le conseil tendent à les rapprocher et leur apprennent à s'apprécier réciproquement. Combien plus ces avantages se retrouveraient-ils grandis, accrus, multipliés, dans l'organisation professionnelle corporative, en raison de la multiplicité des services qu'elle devrait assumer et que la collaboration des classes devrait rendre.

Les heures de travail diffèrent suivant les services : certains pratiquent le système des trois équipes dont le roulement assure une production ininterrompue. Dans le service auquel je suis d'abord affecté, je travaillerai de 8 h. à midi et de 2 h. à 6 h. Nous faisons, tous, huit heures par jour, sans chômer l'après-midi du samedi. Ainsi pourrai-je, chaque matin, avant de me rendre à l'atelier, assister à la messe et, dominant un instant cette vie matérielle, brisant en esprit, pour m'élever au-dessus d'elle, les liens dont elle m'alourdit, monter de toute mon âme vers le Souverain Maître de l'Univers, Père des miséricordes : « *Venite, exultemus Domino, jubilemus Deo salutari nostro, præoccupemus faciem ejus in confessione et in psalmis jubilemus ei...* »

Je suis affecté, comme aide-ouvrier, à une forge. Pour la préparation de diverses pièces métalliques, il faut user du marteau et de l'enclume, de la lime, du burin, recourir à la meule, la perceuse et la fraiseuse. L'ouvrier, mon compagnon, est un Rouergat. Sa première parole est pour me demander si je suis Français. « Certes !... Il y a donc beaucoup d'étrangers, ici ? — Je crois bien ! Des Allemands, des Autrichiens, des Tchèques, des Serbes... » Un homme vient lui dire quelques mots, puis s'éloigne. « Celui-là,

'est un Bulgare... Beaucoup, parmi ces étran-
ъ rs, sont d'anciens légionnaires... L'homme que
vous voyez là-bas à l'enclume, c'est un Russe.
— Il est venu en France après la Révolution ? —
Oui... Tenez ! voici un autre Russe : lui, c'est
un bolchevik. — Ah bah ! Il ne veut plus du
paradis bolchevik ? — Il a été pris par les soldats
de Koltchak. Ils ont voulu le pendre. Il a réussi
à s'enfuir... — Chez les bolcheviks ? — Non, chez
nous. Et il s'est engagé à la Légion étrangère.
Son temps fini, il est venu travailler ici. — Pourquoi ne retourne-t-il pas dans le paradis bolchevik ? — Il dit qu'il veut d'abord apprendre le
français. — C'est étonnant, puisqu'on est si bien
en Russie, qu'il ne se dépêche pas d'y retour-
ner... » Mon insistance met mon compagnon sur
la défensive : il se tait. Sans doute ne veut-il pas
dire du mal de la Soviétie parce qu'il n'en pense
que du bien et ne veut-il pas dire le bien qu'il en
pense de peur de se compromettre auprès d'un
ouvrier inconnu qu'il sent tout disposé à en
dire du mal. Mais, en vérité, préférer la langue
française au paradis bolchevik, n'est-ce pas illusion, folie ou hérésie ? A moins que ce bolchevik
ne soit un agent des Soviets et qu'il ne reste en
France que pour les servir ?

Après un moment de silence, mon compagnon,
détournant la conversation, reprend : « Quand
ces gens-là sont saouls, ils se battent. L'un d'eux
vient de donner un coup de couteau dans le
ventre d'un ami. — Et pour quel grave motif ?
— Pour des riens. L'un fait du bruit, l'autre veut

dormir : ça suffit... Ils demeurent dans des baraques en ciment armé... Ils y sont bien installés : chambres, salle de lecture, salle de jeu, cantine. Et ils paient sept francs de pension par jour, pour tout, logement et nourriture. — Pas cher ! — Mais ils ne sont pas bien nourris et ils n'ont pas de vin..., rien que de l'eau. — C'est toujours meilleur marché que nos pensions. Ils ont la ressource d'acheter des suppléments. A Decazeville, toutes les pensions coûtent 12 fr. rien que pour la nourriture. — Moi, rectifie-t-il, je ne paie que 10 fr. à Fontvernhes (1) : c'est le prix, partout, à Fontvernhes. — Et les Allemands, ils n'ont donc pas de travail chez eux ? Pourquoi n'y retournent-ils pas ? — Ils disent qu'ils se plaisent ici. »

Je lui demande : « Les ouvriers doivent bien gagner leur vie, ici ? — Les *ouvriers* », fait-il en insistant sur ce mot, « oui ». (C'est-à-dire les ouvriers qualifiés : mécaniciens, monteurs, électriciens.) « — Et les mineurs ? — Oh ! des 30 et 40 francs et davantage, s'ils sont boiseurs ou piqueurs. — Leurs huit heures sont comptées depuis la descente dans le puits jusqu'à la remontée ? — Oui. Et puis, ils s'arrêtent pour manger. Ils travaillent, au plus, six heures. Mais, pendant ces six heures-là, ils en mettent un coup ! — Alors, ils doivent être satisfaits. — Oh ! ils réclament bien de l'augmentation, eux aussi, quand la vie devient plus chère... »

Vers la fin de l'après-midi, le Russe bolchevik

----

(1) Faubourg de Decazeville.

m'aborde : « Excusez-moi si je vous demande...
Etes-vous Russe ? — Moi ? Mais pas du tout !...
Tout ce qu'il y a de plus Français ! — Ah ! j'avais
cru... — Mais vous, vous êtes Russe ? — Oh !
il y a longtemps que j'ai quitté la Russie... »
Et notre dialogue en reste là. Sur cette réponse
vague, il me quitte. Il y a tellement d'étrangers
qu'on s'étonne seulement qu'un nouvel embauché soit Français. Et lui, quel rôle peut-il bien
jouer ? Est-il chargé d'espionner pour le compte
des Soviets les émigrés russes, tout en se prépa-
rant à jouer un certain rôle, dès maintenant
défini, dans le cas où la Révolution éclaterait en
France ?

La mine et l'usine de Decazeville comptent
plus d'un millier d'ouvriers étrangers dont la
moitié, à peu près, d'Espagnols, une centaine
de Polonais, le double de Russes, quelques dou-
zaines, soit de Portugais, soit d'Italiens, soit
d'Allemands, soit de Tchéco-Slovaques, soit
d'Arméniens, soit d'indigènes d'Algérie, et quelques Hongrois, Serbes, Bulgares, Grecs et Turcs.
Tous les étrangers et, parmi les Français, tous
les jeunes gens ont le visage complètement rasé ;
tous les Français de plus de trente ans portent
la moustache.

Un Russe — un « Blanc » — me dit qu'il paie
7 fr. 50 par jour de pension dans les pavillons
en ciment de la Compagnie. Je lui fais remarquer que ce n'est pas cher : « En ville, vous
devriez payer 12 fr. rien que pour la nourriture.
— Mais, me répond-il, ici, c'est encore le régi-

ment.... » Rien de pénible comme la perte de la liberté. Les avantages matériels que cette vie commune leur procure disparaissent devant les inconvénients qu'elle présente : un règlement et l'embrigadement. Aussi, dès qu'ils le peuvent, cherchent-ils une chambre en ville. Ils restent dans les baraquements tout le temps nécessaire pour acheter du linge, des vêtements et se constituer un petit pécule ; ensuite, ils vont habiter au dehors ; ils paient plus cher, mais ils ont l'illusion d'un chez soi et l'impression de redevenir des hommes. Dans les locaux que la Compagnie leur affecte, ils sont répartis par chambrées de huit. Le samedi, ils ont des douches à leur disposition. Tous les autres ouvriers de la Compagnie peuvent, du reste, en faire usage. Les Russes apprécient, au surplus, le service que la Compagnie leur rend, puisqu'ils lui doivent de pouvoir plus facilement rentrer dans la vie civile et se refaire une existence normale, pour humble et dure qu'elle soit. Ce Russe croit qu'il y a, aux Usines, une centaine d'ouvriers de sa nationalité ; mais mon compagnon de travail m'assure qu'il y en a plus de 200. Plusieurs ont des têtes de moujiks. D'autres paraissent d'origine bourgeoise. Parmi ces manœuvres, je remarque un Cosaque de 35 à 40 ans, d'allure distinguée, qui travaille en costume national : bonnet d'astrakan affreusement fripé, tunique noire élimée, bottes souples. Une demi-douzaine de Russes portent encore, à l'usine même, leurs uniformes de soldats du Tsar.

Notre travail consiste en des tâches fort diverses, commandées à l'improviste par les réparations urgentes du matériel ou les transformations qu'il subit. Ainsi, le premier jour, mon compagnon et moi, nous avons à monter une porte d'aération d'un foyer, puis à percer des trous dans les montants d'une échelle de fer et à y fixer les pièces que nous avons préalablement percées et meulées. Le perçage de l'échelle de fer, disposée obliquement dans une cour et haute de quatre mètres, a été particulièrement malaisé et pénible.

Mes camarades de la forge sont d'un abord simple et facile, malgré leur réserve et leurs habitudes silencieuses ; même entre eux, ils restent taciturnes, presque méfiants ; mais quelques-uns, parmi les jeunes, montrent, d'emblée, plus de familiarité : l'un me dit qu'il a travaillé à Paris ; l'autre qu'il est originaire du Nivernais. Les ouvriers du pays ne parlent entre eux qu'en patois ; dans leurs propos, je surprends beaucoup de mots étroitement apparentés à l'espagnol. Ils parlent français avec l'accent méridional. Mon compagnon rouergat s'amuse à me traduire quelques mots de patois : « Nous sommes Auvergnats, me dit-il ; le Rouergue, c'est encore l'Auvergne (1) ». Les Rouergats de l'atelier ont de gros crânes, des têtes solidement taillées ; eux-mêmes sont puissamment musclés, de taille moyenne ; ils présentent un

(1) Le Rouergue faisait partie de la Guyenne.

aspect un peu massif, un visage fermé, que dément vite leur vivacité d'esprit ; de suite, ou constate leur intelligence positive, leur sens du réel, leurs habitudes de réflexion ; la lenteur qu'ils mettent souvent à répondre n'est que réserve prudente, effet d'un jugement sagement suspendu ; on les sent pleins de bon sens, fortement équilibrés et singulièrement tenaces. Les boutiquiers, aubergistes et restaurateurs de Decazeville m'ont inspiré exactement les mêmes remarques.

Le travail à l'heure se résout, en fait, en travail à la tâche : une certaine besogne donnée doit être exécutée, par exemple, dans la matinée. Dans les différents ateliers des Etablissements, le travail se fait au ralenti ; un peu partout, la formule — « Bon ! on en a fait assez comme ça pour ce matin » — est courante. L'état d'esprit général est assez bien traduit par cette formule écrite à la craie sur une porte : « L'heure perdue, c'est un âne comme toi qui la cherche. » Les intéressés eux-mêmes avouent que, depuis la guerre, la quantité de travail fournie est insuffisante. Un jeune de l'atelier, d'une vingtaine d'années, ayant dit : « On a assez travaillé comme ça », un forgeron de 40 à 45 ans s'écrie : « Travaillé ! C'est avant la guerre qu'on travaillait ! Maintenant, on flâne ! » Les ouvriers se plaignent de la modicité des salaires ; c'est une des raisons du peu de rendement de leur travail. Ils disent : « Ici, ça ne paie pas. » Ou bien : « Il ne faut pas venir ici pour gagner des sous. » Mon salaire — salaire de début pour un manœuvre

— est de 18 fr. Y compris les allocations de vie chère, les salaires vont de 18 à 35 et 40 fr. ; les salaires moyens sont de 25 fr. La Compagnie alloue, en outre, un sursalaire familial. Nous avons dans une équipe voisine un tôlier parisien, marié à une femme de Decazeville ; il est venu passer trois mois au pays, dans la famille de sa femme, avec celle-ci et leur enfant (l'enfant unique) ; il travaille à l'usine pour couvrir les frais de ces vacances ; à Paris, il gagne 50 fr. par jour ; mais la vie y est beaucoup plus cher que dans le Rouergue.

Si les ouvriers de l'usine travaillent peu, ce qu'ils font ils le font bien, d'autant mieux qu'on est loin d'en exiger aucun effort excessif et que ce qu'ils se donnent de peine leur semble en juste relation avec ce qu'ils reçoivent d'argent. Ils se plaignent ordinairement de n'avoir pas plus de travail et mieux payé. Ils limitent leur effort, se disant que, s'ils peinaient davantage, ils n'en tireraient pas plus de profit et que, sans doute, les bénéfices de la Compagnie s'élèveraient sans que s'améliorât leur sort. Il se produit ainsi une dissociation fâcheuse entre l'intérêt des employeurs et celui des salariés, dont souffre leur intérêt commun dans l'entreprise. Le système des primes intéresse personnellement et directement l'ouvrier à la prospérité de l'entreprise. Il y serait également intéressé par un versement à la caisse des assurances corporatives, variable suivant la proportion des bénéfices de l'entreprise ou suivant la productivité moyenne du personnel. Sans fournir un travail de durée ou d'intensité excessive, l'ouvrier serait certainement stimulé à accroître son rendement.

Le chef d'équipe est un homme d'une cinquantaine d'années, fort entendu aux choses du métier, simple et bon, commandant avec bienveillance, apprécié et aimé de ses hommes.

Mon compagnon est âgé de vingt ans : c'est un ouvrier qualifié, intelligent, adroit, bon camarade. Chaque jour, il fait deux heures supplémentaires et refuse invariablement de venir prendre l'apéritif que je lui offre : « Il faut que je rentre tout de suite », me répond-il. Il présente un type très net de Rouergat intelligent, travailleur et économe. Cependant, la veille de la fête du pays, qui dure un dimanche et un lundi, comme au moment de me quitter, il me dit : « ce soir, il y a une retraite aux flambeaux, vous verrez comme c'est beau ! » je lui réponds : « A mardi ! » Il rectifie : « A mercredi ! — Oh ! fais-je, surpris. Comment ! mercredi ? — Ah ! dame ! peut-être !... » Bon ouvrier, il est cependant tenté d'allonger d'un jour un chômage exceptionnel de 48 heures. Telle est la force de la tentation, même chez un garçon travailleur et économe. Et cependant, le mardi matin, mon atelier ne compte qu'un seul manquant et qui n'est pas mon compagnon.

Comment et pourquoi économise-t-il ? Un jour, il refuse la cigarette qu'un camarade lui offre : « Pas aujourd'hui. — Oh ! m'écrié-je, quel jeune homme modèle vous faites ! Vous fumez peu, vous refusez l'apéritif, vous faites deux heures de supplément chaque jour... Sûrement, vous économisez de l'argent... » Il garde le silence. Peu après, je lui montre le flanc abrupt d'une colline qui flanque et domine la cour où nous travaillons : « Quelle jolie petite maison là-haut, entre des châtaigniers et une vigne ! Vous en achèterez quelqu'une avec vos économies... — Qui vous dit que j'ai des économies ? — Dame, vous travaillez beaucoup, vous dépensez peu. Quand vous avez payé nourriture et vêtements, il vous en reste, de l'argent... — Mais, le soir, je ne reste pas à la maison... » Ah ! c'est une autre affaire : jetons un voile... « Et puis, au régiment, j'aurai besoin d'argent... » Et puis, une longue hérédité de prudence n'est pas pour lui faire goûter d'être soupçonné de posséder un bas de laine bien garni. A moins encore qu'il n'économise vraiment qu'en vue du service militaire et non dans un autre but, plus élevé et plus lointain. Mais il doit aussi dépenser ses gains d'une manière qu'il ne veut pas confesser : « Je suis resté au lit, hier, toute la journée », avoue-t-il, un lundi matin. « — Vous aviez trop pris d'apéritifs. — Non, ce n'est pas parce que j'avais trop bu, mais... » Et il se tait... Tout le monde ici m'assure que les bonnes mœurs d'autrefois ont disparu. Quelques jours avant la fête du pays, mon compagnon interpelle un camarade : « Dimanche, tu vas faire la bombe !... » Après le travail de l'usine, ils n'ont point d'autre perspective de joie. C'est le grand écueil de la

vie ouvrière, comme des autres classes de la
société. Ainsi, un vieux forgeron, me parlant
de Paris, me dit que son neveu y est parti :
« Mais il n'y restera pas. Il n'a trouvé pour tout
logement qu'une mansarde au prix de 60 fr.
par semaine : presque 10 fr. par jour ! Quel que
soit le salaire, qu'est-ce qui vous reste quand
on a payé le logement et la nourriture ? Et
puis, il y a tant de tentations à Paris ! On a trop
d'occasions de dépenser pour le plaisir tout ce
qu'on gagne !... »

A la forge, je surprends peu de propos ou de
gestes inconvenants. Le jurement y est rare.
Quelquefois, on entend seulement un « Mille-
Dieux ! » qui semble un dernier vestige du poly-
théisme antique.

Un matin, nous transportons à l'atelier de la
forge plusieurs cornières et lames de fer plates,
prises au magasin, près des laminoirs qui crachent sans répit leurs serpents de feu. Puis, nous
scions les angles d'une poutrelle de fer que nous
boulonnons à un four après avoir percé au burin
la poutre en U à laquelle elle devait être fixée.

Une autre fois, nous faisons couper au chalumeau des morceaux de tôle, nous les meulons,
puis, les trous une fois tracés avec un gabarit,
nous perçons le métal à la machine.

Un jour, j'ai à meuler de nombreuses pièces
de tôle. Les meules sont enfermées dans un
petit bâtiment qui abrite, en outre, une forge et
un marteau-pilon. Quand celui-ci ne se livre
pas à sa danse puissante qui pétrit comme une

... motte de beurre une pièce de métal incandescent plus grosse qu'une tête d'homme, trois forgerons, de leurs bras noueux, font pleuvoir les coups sur l'enclume... Ils s'arrêtent, couverts de sueur... Ma meule a fini de faire jaillir une pluie de feu... Le forgeron-chef dit : « Les vieux comme moi... — Les vieux comme vous ! m'écrié-je. Mais vous n'avez pas quarante ans !... » Il sourit, flatté : « J'en ai quarante-six et voilà vingt-cinq ans que je travaille à la forge. Mais aussi j'ai bu du vin !... » Il n'en abuse certes pas : au cours de l'après-midi, les trois hommes se partagent un litre de vin. Leurs visages ruissellent.

Dur métier, qui exige des journées de travail d'une durée modérée ! A mon atelier, les forgerons s'arrêtent, en général, quelques instants pour reprendre souffle lorsqu'ils ont donné sur l'enclume une vingtaine de coups de leur marteau pesant sept à huit kilos. Ils sont cependant solidement musclés et longuement entraînés à ce genre de travail. Le débutant en apprécie mieux les pénibles exigences. Ainsi, je dois aider mon compagnon à couper, aplatir et fendre de grosses tiges de boulons, de la longueur de l'avant-bras. Il les fait rougir et les présente sur l'enclume. Je manie la masse de fer en prenant spontanément la position qui me paraît la meilleure : comme il est inévitable, c'est la plus mauvaise. Deux des forgerons me font charitablement remarquer que j'écarte trop les pieds et déplace trop les bras, me fatiguant inutilement. Ils m'enseignent que, tout au contraire, je dois rapprocher les pieds, placer le gauche légèrement en avant du droit, élever le marteau, manche le long du corps, le faire retomber avec toute ma force et le redresser en tenant l'extrémité du manche contre la cuisse. Je me conforme à leurs conseils, et m'aperçois aussitôt que j'obtiens le même effet utile en donnant 14 coups de marteau au lieu de 24. En outre, je fournis facilement ces 14 coups, tandis qu'avec ma position défectueuse je me fatiguais en poussant jusqu'au vingtième et j'avais peine à donner les quatre derniers. Il n'en reste pas moins vrai que, les huit tiges de boulons une fois préparées, ayant donné, en tout, 150 à 160 coups de marteau avec un bref intervalle entre chaque série, d'abord de 24, puis de 14, j'ai été fort satisfait de n'avoir pas à poursuivre plus longtemps une pareille besogne : la meule et la perceuse me réclamaient.

Je me rends, un autre jour, au magasin central pour y chercher des boulons. Plusieurs ouvriers attendent d'être servis. Avant que mon tour ne vienne, je regarde à travers les vitres du bureau deux employés qui consultent les fichiers, répertoires, dossiers et registres, grâce auxquels un ordre méticuleux règne dans ce magasin énorme et complexe : organisation bureaucratique savante qui réduit le personnel affecté aux écritures et permet de ne pas laisser échapper à leur vigilance le moindre déplacement des moindres objets en dépôt. On imagine sans peine ce que deviendrait ce service entre les

mains d'un soviet d'usine et quel désordre
s'ensuivrait. L'exemple de la Russie est là
pour nous montrer les effets de l'expérience
socialiste et le prix qu'elle coûte.

Il fait très chaud en cette mi-Septembre,
autant qu'au cœur de l'été dans le Centre et
dans le Nord de la France. « Mais, s'exclame mon
compagnon, ce n'est rien auprès de la chaleur
de juillet et août ! » Nous sommes vraiment dans
le Midi : le Plateau Central forme frontière entre
deux zones climatériques et le Rouergue s'étend
sur les pentes méridionales du Plateau. Jusqu'à la
mi-Septembre, je me rendais à l'usine, le matin,
dans la lumière radieuse du plein été : les hautes
collines, mamelonnées, vertes de vignes, de
prés, de jardins et de châtaigneraies, ornaient, à
portée de main, semblait-il, la vallée creuse tout
emplie par l'immense usine fumante, témoignage
magnifique de la puissance d'invention et de
création de l'homme. Mais, en ce matin du
15 septembre, un frais brouillard automnal
noie tout, un brouillard blanc dont les formes
cotonneuses cachent la campagne et la ville,
coiffent les bâtiments de l'usine, en ferment les
abords.

Ce matin-là, mon compagnon habituel et
moi, nous allons chercher une tige d'acier,
ronde. Nous traversons le hall des laminoirs, le
hall immense aux colonnes sans nombre qui
portent de hautes toitures aux bords surbaissés :
on croirait entrer dans quelque pagode de Bir-
manie ou du pays Shan, dans le palais royal de

Mandalay ou celui d'un prince du Haut-Mékong, à l'heure matinale où, des plaines basses, des forêts et des rizières, monte un brouillard opaque ; mais un palais ou pagode de dimensions inusitées, géantes, et enfumé, noir, dallé de fer et non plus riche de laques rouges et d'éclatantes dorures ; meublé, non pas de trônes, d'autels où songe l'ironie mystérieuse des Bouddhas, mais de machines qui, dans une buée rose traversée, par instants, de flammes, crachent des traits de feu fuyant sur les dalles de fonte, s'y refroidissant, passant à la nuance framboise, puis à la couleur de cendre, enfin au morne aspect des lames de fer refroidies, et s'entassant sur le sol avant d'être recueillies par des hommes dont un lambeau de cuir protège les mains.

Une tige de fer grosse comme le pouce, longue de quatre à cinq mètres, choisie, nous la portons à « la cisaille », c'est-à-dire à une coupeuse qui nous la débite en fragments de quinze centimètres. Nous les emportons à la forge pour les transformer en rivets. Après les avoir fait rougir dans la braise ardente, mon compagnon en martèle rapidement une extrémité et, l'ayant aplatie, y pose la tranche aiguisée d'une masse de fer sur laquelle je fais retomber le lourd marteau à frapper : en une dizaine de coups, l'extrémité du rivet est divisée, rendue bifide. Et nous passons au suivant. J'ai donné de quatre à cinq cents coups de marteau sans effort et avec peu de fatigue, m'étant conformé à la leçon reçue peu de jours auparavant. Nous avons besoin d'ap-

prendre les techniques les plus simples : pour
pousser une brouette lourdement chargée (1),
pour ramasser le blé (2), pour se servir d'une
pelle (3), pour manier le marteau du forgeron.

Nous sommes ensuite commandés pour trans-
porter, avec deux autres hommes, le lourd appareil à carbure et des bouteilles d'oxygène qui
pèsent chacune 70 à 80 kilos ; puis, des cornières,
sur lesquelles mon compagnon soude au chalumeau les rivets que nous avons fabriqués : je
les lui présente et les maintiens en position avec
une pince à rivets. Après quoi, nous chargeons
sur une voiture à bras plusieurs bouteilles de
fonte, vides de leur oxygène, pour les porter au
magasin central et en rapporter des bouteilles
pleines.

Le magasin est situé fort loin de l'atelier :
on n'y peut atteindre qu'à travers une série de
vastes cours encombrées de matériaux, sillonnées
de nombreux rails à multiples croisements, où,
çà et là, des trains de wagonnets sont remisés ;
à tout instant, il faut franchir rails, croisements,
plaques tournantes, les aborder de biais quand
on ne peut les franchir à angle droit, éviter des
pylônes qui barrent à demi le passage, des wagonnets qu'un cheval traîne, des monceaux de ferraille. Nous devons nous mettre à quatre pour
pousser, dans de telles conditions, ce lourd far-

(1) Voir *Les Mariniers*, le travail des débardeurs, p. 22
et 23.
(2) Voir *L'Ouvrier agricole*, p. 180-183.
(3) Voir *Les Mineurs*, p. 173 et 204.

deau : deux au timon, deux à l'arrière. De brusques et violents déplacements de la voiturette,
projetée de biais par la rencontre d'un rail,
menacent de défoncer d'un coup de timon ma
poitrine à un moment où je me trouve bloqué
contre un wagonnet ; d'autres fois, projeté en
l'air comme par une brusque détente, le timon
pourrait me briser les mâchoires ; qu'une roue,
disloquée par la violence des à-coups et des
heurts, cède, et un ou deux hommes peuvent
être tués ou blessés. Il serait si simple, cependant, d'aménager une voie pour ce transport et
des transports semblables, ou, par l'établissement de voies de garage supplémentaires, de
maintenir toujours des rails libres sur lesquels,
traîné par un cheval, un wagonnet transporte-
rait ces lourdes bouteilles de fonte tout comme
les autres matériaux ! L'outillage doit toujours
permettre de soulager l'homme et de lui épargner les accidents ; l'entreprise y gagne tout
comme le personnel qui, plus alerte et plus
dispos, reste prêt à fournir avec une moindre
peine un rendement supérieur.

Dans toutes ces cours, pendant que je travaille et peine, j'ai sans cesse sous les yeux les
pentes roides des hauts mamelons qui empri-
sonnent la vallée au fond de laquelle les usines
sont tapies : vignes, pâturages, potagers, cultures
diverses, châtaigneraies et quelques maisons
rurales, aux murs sombres, aux toits de tuiles
rouges, nous adressent le muet appel du retour
à la terre. Un ciel enflammé couronne comme

d'une gloire les crêtes arrondies. Du fond de la
vallée chargée de ferrailles, je jette sur ce spectacle apaisant un regard d'envie. Mais il s'agit
bien de poésie ! La richesse matérielle de la nation
— des citoyens et de l'Etat — est faite, à la fois,
de l'agriculture, de l'industrie et du commerce :
tous ces facteurs concourent à l'établissement de
notre force et il faut souhaiter qu'ils se développent tous pour que notre génie monte plus haut
et porte plus loin. Le progrès de l'industrie entraîne celui de l'agriculture et du commerce et
multiplie dans des proportions inouïes les sources
d'une richesse sans laquelle déclinerait vite la civilisation. L'industrie manifeste la puissance du
génie de l'homme qui sait dompter et utiliser les
forces de la nature. Mais, s'exaltant au spectacle
de ses créations et de ses conquêtes, l'homme
incline aisément à croire que la puissance matérielle est tout et suffit à tout ; le châtiment de cet
orgueil, c'est la révolte des hommes que l'industrie opprime ou épuise et qui, dans leur aveugle
fureur, risquent de la détruire et toute une civilisation impudemment réduite à son expression
matérielle. Aucun règne n'est durable sans la
justice. La puissance matérielle n'est que la servante de la puissance morale ; si le génie industriel, au lieu de se subordonner aux lois éternelles
du droit, de la raison, de la religion, les mépri-
sait, son œuvre puissante ne tarderait point à
rejoindre dans la poussière et dans la cendre les
orgueilleux empires de l'Antiquité païenne.

Un jour, nous sommes mobilisés, toute une

équipe, pour le transport, à travers cours et
bâtiments, de lourdes cornières, longues de cinq
mètres, où la perceuse doit pratiquer une série
de trous. Sous notre lourd fardeau, nous longeons
le hall aux cent piliers, qui abrite les laminoirs :
de la gueule des fours, des hommes robustes
arrachent avec de lourdes pinces des blocs in-
candescents ; sur un petit chariot à deux roues,
un manœuvre les pousse en hâte vers les rouleaux
qui les happent et les vomissent ; déjà pétris, ils
sont repris par des servants qui les rejettent
aux rouleaux ; d'orifice en orifice toujours plus
étroit, le bloc de feu voyage, s'étirant jusqu'à
devenir une longue barre que des ouvriers armés
de pinces saisissent par une extrémité, tirent
hors des machines et leur rejettent. A tout
instant, le trait rouge sort comme un serpent
hors de son trou, tête dressée, y est précipité de
nouveau et y disparaît, lançant, à la manière
d'un animal fantastique, d'un dragon de légende,
d'une salamandre inconnue, des bouquets d'étincelles ou des flammes, jusqu'à ce qu'enfin, sortant une dernière fois des rouleaux qui l'ame-
nuisent, le long trait rouge glisse d'un seul mouvement jusque sous la coupeuse ; dans un crisse-
ment bref, elle le tranche, le débite en morceaux
dont l'éclat s'éteint ; un plancher roulant les
accroche, les porte refroidir et des hommes s'en
emparent pour les livrer aux magasins.

A notre atelier, trois fourneaux de forge sont
occupés constamment par cinq maîtres forgerons et cinq frappeurs. Un quatrième fourneau est

libre ou, du moins, affecté à un vieil ouvrier qui
s'en sert de temps à autre et que lui emprunte,
le cas échéant, mon compagnon. Un matin, un
monteur survient avec son aide pour traiter à
la forge quelques pièces de fer ; il s'installe à
ce foyer inoccupé ; mais le vieux l'y surprend
et, bien que n'ayant nul besoin d'y travailler,
invective à grands cris l'intrus : « Qui est-ce qui
vous a permis de vous installer là ? C'est *ma*
forge !... On demande au moins la permission !... » L'autre, pour éviter une dispute qui
aurait pu finir par des coups, prend le parti de
s'éloigner. Le « propriétaire » de la forge ne
s'en est, du reste, pas servi de toute la matinée
et n'en a usé que pendant dix minutes l'après-
midi. Son éclat de colère montre, une fois de
plus (1), la puissance de l'instinct de la propriété
individuelle chez les ouvriers, bien qu'ils soient
généralement socialistes, et la rigueur avec laquelle ils maintiennent leur droit ; ils exigent
qu'il soit reconnu par une démarche de sollici-
teur, par la demande de l'autorisation de se
servir de l'outil, appareil ou machine, qui leur
est attribué. Les relations sociales sont, à leurs
yeux, nécessairement soumises au principe de
l'autorité et au principe de la propriété : « Ceci
est à moi et, sans doute, puis-je en concéder
l'usage, mais encore doit-on me demander et
recevoir de moi la permission d'en user. »

(1) Voir deux scènes semblables dans *La Menace rouge*,
p. 20 et 37.

« Comment se fait-il, demandé-je à un vieux
forgeron, que notre atelier ne soit pourvu ni
d'une raboteuse ni d'une machine à scier ? Il
nous faut buriner et scier à la main ou longuement limer... — Que voulez-vous ! répondit-il.
S'il en était autrement, il y en a qui ne gagneraient
pas leur vie ; des ouvriers seraient en trop... »
L'explication qu'il donne est certainement mauvaise : mais elle répond à l'état d'esprit des salariés. Ils trouvent qu'ils sont peu payés, mais
que la Compagnie se montre peu exigeante :
un plus grand nombre d'ouvriers en vit ; tout
le pays en tire sa subsistance. S'ils ne réclament
pas de plus forts salaires, c'est de peur d'amener
la réduction du personnel ou d'acculer la Compagnie à de mauvaises affaires. Ils inclinent ainsi à
cette paresseuse observation de la loi du moindre
effort qui régit l'entreprise d'Etat : l'Etat s'y
ruine, mais en faisant vivre des parasites qui,
étant électeurs, le font vivre. La Compagnie
offre sur l'Etat cette supériorité qu'elle ne se
ruine ni ne ruine personne ; mais, en faisant
vivre une clientèle trop nombreuse de salariés
auxquels elle demande peu d'efforts et qui lui
réclament peu d'argent, elle applique une méthode fâcheuse : une entreprise doit chercher à
réaliser des bénéfices tout en observant la justice
qui veut, d'abord, qu'elle assure à tous ses collaborateurs un gain convenable ; mais ce double
but l'autorise à exiger de son personnel tout
l'effort raisonnable qu'il est capable de donner.
Alors, mais alors seulement, la prospérité de-

viendra légitime et possible pour l'entreprise, pour ses collaborateurs et, par voie de conséquence, pour le pays entier.

Tantôt, je travaille à la forge comme frappeur ; tantôt, à la perceuse pour trouer des plaques de tôle ; une autre fois, je fais couper des cornières au chalumeau oxhydrique ; l'homme qui est chargé de cet appareil se plaint, depuis un an qu'il est spécialisé dans ce genre de travail, de souffrir des yeux ; il constate que sa vue s'affaiblit en dépit du port de lunettes spéciales ; ces lunettes procureraient donc une insuffisante protection ; il en faudrait inventer de plus efficaces. Un ouvrier de l'atelier — 18 ans — parle d'acheter un fusil de chasse ; son compagnon — 22 ans — lui répond vivement : « Tu ferais mieux d'acheter du pain ! » Le jeune homme s'imaginait que son habileté de tireur lui permettrait de gagner de l'argent avec la vente du gibier, de sorte que ce plaisir serait une source de gain !

Un jour, je porte aux fours à minerai de fer et j'aide à poser des tuyaux de six mètres de longueur. Près de nous, une machine, alimentée en terre à minerai, la transforme en mottes comprimées qui, chargées sur des wagonnets, passent à travers des fours progressivement chauffés et en sortent durcies, cuites, prêtes à être fondues dans les hauts fourneaux. Pour ces travaux pénibles, l'homme est remplacé par l'outillage. Mais cet outillage extrêmement coûteux exige des capitaux en abondance. Si l'intérêt personnel, créateur des capitaux et des inventions qui les utilisent pour le bien-être de tous, était affaibli ou nié, comme l'exige l'application des doctrines socialistes, il faudrait revenir aux procédés primitifs des civilisations rudimentaires, avec leur faible rendement ; les forces naturelles, au lieu d'être domptées par l'homme, en redeviendraient maîtresses et la misère serait le lot de tous.

Avant d'aplanir au marteau de forge des morceaux de tôle, je les ai portés à *la cisaille* pour les découper suivant les dimensions indiquées. « La cisaille » est installée près de la machine à fabriquer les tôles. Cette machine actionne un levier géant qui fait tourner à grande vitesse un volant énorme ; de la gueule d'un four sort un bloc d'acier épais d'environ trente centimètres, éblouissant comme un morceau de soleil ; présenté à une paire de rouleaux puissants que meut le volant et qui sont progressivement rapprochés l'un de l'autre, il est happé, rejeté, repris, rejeté encore ; et, au cours de ce va-et-vient continuel, progressivement comprimé, aplati, étalé, apparaissant et disparaissant dans un nuage de vapeurs roses, il finit par se transformer en une plaque de tôle brûlante, d'épaisseur, largeur et longueur définies.

D'importantes dépenses sont faites par la Compagnie pour améliorer et renouveler les bâtiments et l'outillage de fonte de l'acier. Comme je sors, la journée finie, avec un forgeron — homme d'environ 45 ans — il s'écrie sur un ton de rancœur : « Ils aiment mieux dépenser leur

argent comme ça que de le donner à l'ouvrier !
L'ouvrier peut crever : ça leur est bien égal ! »
Absolument ignorant des conditions de vie d'une
entreprise et la tête toute bourdonnante de la
prédication démocratico-socialiste dont la République est l'initiatrice, la protectrice et la dispen-
satrice, le pauvre homme ne conçoit pas que, si
l'usine ne mettait son outillage au niveau des
derniers perfectionnements, elle ferait promptement faillite, laissant ses ouvriers sur le pavé.
Maîtres et cogérants de l'usine, de tels ouvriers
ne penseraient qu'à s'en attribuer les ressources
— réserves et profits — pour se procurer des
jouissances immédiates. Si les cogérants, ins-
truits par la réalité, prétendaient suivre les erre-
ments des anciens maîtres — ingénieurs, administrateurs et capitalistes — tous leurs camarades
les accuseraient de trahir la classe ouvrière. La
coopérative de production n'est possible qu'entre
un petit nombre d'ouvriers d'élite qui se sou-
mettent à la discipline des entreprises patro-
nales ; et encore ne réussit-elle pas toujours.
Ignorants et conquis par les préjugés socialistes,
mes camarades tiennent les bâtiments neufs pour
construits avec l'argent volé sur leurs salaires.
Au surplus, songent-ils, ces bâtiments sont bien
superflus ; on pouvait se contenter du vieux hall
et de son matériel ancien. Quand, à l'un ou à
l'autre, je dis : « Venez donc voir les nouveaux
bâtiments des fours Martin », ils me répondent :
« Oh ! on nous payait autrefois dix heures pour
douze heures de présence ; avec nos sous, ils

peuvent s'offrir ça ! » Ou bien : « Dans l'ancienne
installation, il y avait le même matériel ! »
Certes, il y avait des *fours*, des *poches* et des *lingotières*, mais ni le vaste espace dont les travailleurs maintenant disposent, ni cette puissante aération et ce bel éclairage. Les fours se
chargeaient à la main, tâche épuisante, et non,
comme maintenant, automatiquement ; le maniement de « lingotières » d'un modèle massif et
de « poches » peu perfectionnées était malaisé
et dangereux. Aucun de mes camarades ne
semble apprécier les progrès réalisés. Un seul
remarque que l'aération serait encore meilleure
si la voûte de la haute nef était munie de larges
cheminées, plus élevées, qui feraient appel d'air.
Ils se contentent de ce qu'ils ont, s'accoutument
à la malpropreté et à l'incommodité, n'ont aucune idée d'un progrès possible et désirable ; ils
dépenseraient pour leur satisfaction personnelle
et immédiate tous les bénéfices s'ils en pouvaient
disposer librement. C'est l'élite cultivée qui,
seule, a conscience de l'impérieuse nécessité
d'économiser pour l'avenir de l'entreprise, de
constituer des réserves de capitaux pour les
mauvais jours, de chercher des progrès dans
l'aménagement des locaux, dans la technique
de l'exploitation, et qui, ennemie de la routine
à laquelle se complaît la multitude, poursuit
la découverte d'améliorations incessantes et
se préoccupe de n'être point devancée par les
concurrents français ou étrangers. A l'encontre
de l'insouciance, de l'ignorance, de la « raison

paresseuse » de la plupart des salariés, défauts qu'une éducation professionnelle appropriée corrigerait très vite pour développer, en leur lieu et place, les solides qualités de la race, et qu'au contraire développerait comme de l'ivraie la démocratisation du gouvernement de l'usine, une Direction éclairée et sage ne se borne pas à affecter une grosse partie des bénéfices au perfectionnement du matériel, mais à la constitution d'importantes réserves indispensables à l'activité industrielle, grande mangeuse de capitaux, éprouvée périodiquement par d'inévitables et terribles crises économiques où les millions s'engloutissent avec rapidité : la faillite ne serait pas évitée si des économies considérables n'avaient été faites sur les bénéfices au cours des années prospères. Dans l'industrie organisée corporativement, l'ouvrier serait instruit de ces exigences professionnelles, d'abord au cours de sa formation technique, puis à l'occasion des assemblées corporatives et des communications du Comité central. Mais, dans cette organisation du Métier, le souci d'améliorer la condition des travailleurs ne serait pas moins vif et ainsi cesserait la tristesse ou la colère d'ouvriers qui n'apprécient pas l'amélioration du matériel physique parce qu'ils ne voient jamais venir l'heure de l'amélioration pour le « matériel » humain !

Changé de service, je suis affecté aux fours Martin (1). Le nouveau bâtiment, qui vient tout

(1) Pour la fonte de l'acier.

juste d'être achevé, est magnifique d'ampleur, baigné d'air et de lumière. Il assure aux diverses manœuvres du chargement des fours, de la coulée, du maniement des lingotières, un espace abondant. Il est pourvu de monte-charge et de ponts roulants, de tous les appareils et dispositifs les plus récents. Trois équipes se succèdent par vingt-quatre heures, faisant chacune huit heures. Je suis de service de 1 h. de l'après-midi à 9 h. du soir. Une séance de huit heures consécutives est particulièrement fatigante. J'aide d'autres manœuvres à charger de ferraille de rebut, destinée à la fonte, des wagonnets que nous poussons jusqu'au monte-charge. Un chargeur automatique emplit le four. Lorsque le moment est venu, on procède à la *coulée*. L'énorme cuve appelée *poche* est amenée par le pont roulant sous l'issue du canal aménagé depuis la partie inférieure du four jusqu'au bord du plancher du premier étage. Un homme débouche le four : un ruisseau de métal incandescent jaillit au milieu des flammes et, comme de la lave du flanc d'un cratère, glisse, tombe en cascade éblouissante dans la « poche », au milieu de vapeurs jaune pâle. Une fois pleine d'acier en fusion, la « poche » est promenée par le pont roulant au-dessus de *lingotières* rangées par couples sur une triple ligne, dans une fosse ; grâce à un *panier* accroché sous la « poche », les « lingotières » se remplissent, par couple successivement, du métal liquide qui tombe en deux colonnes éblouissantes, deux colonnes de feu qu'enveloppe à de certains moments une gerbe cascadante d'étincelles dont la retombée en pluie arrose le sol. Un homme et moi, armés d'un long crochet, nous maintenons immobile la « poche ». Quelques heures après l'opération de la coulée, du pont roulant descend une double griffe qui accroche par les anses chaque lingotière et l'élève à une certaine hauteur : alors, un homme, armé d'un long crochet, la fait basculer et le lingot encore rouge glisse sur la terre où sa chute fait un bruit sourd... Quand la « poche », refroidie, doit servir pour une autre coulée, elle doit être préparée ; pendant des heures, un grand feu est allumé et entretenu à l'intérieur de la « poche » couchée à terre, sur le flanc, au milieu du hall ; chaque soir, avant de partir, je passe une heure à alimenter de bois et de coke ce brasier.

Un vieux manœuvre, avec qui je travaille un jour, me dit, trouvant que j'y mets trop d'ardeur : « Doucement ! doucement ! Il ne faut pas laisser se perdre les mauvaises habitudes ! » Il me raconte qu'il a acheté un terrain et fait construire une maison dont il loue plusieurs chambres. La construction, m'explique-t-il, lui a coûté très cher : il a payé tant pour telle quantité de briques, tant pour le cent de tuiles, tant par lambourde, par porte ; et ainsi de suite ; et tant pour la main-d'œuvre. Il s'est improvisé architecte et entrepreneur et a conduit les travaux. Il ne m'épargne aucun détail. Ah ! comme il a bien su l'établir son prix de revient ! Il calcule aussi ce qu'il paie d'impôts et il en gémit. Voilà l'état d'esprit réel de l'ouvrier français lorsque les passions démocratico-socialistes n'ont pas obscurci son jugement : ainsi constatons-nous à quel degré il a le sens de la propriété individuelle et de l'intérêt personnel, de la prévoyance et de l'économie, du calcul des dépenses, de l'établissement d'un devis, même de la conduite d'une entreprise : bref, un vrai bourgeois ! Mais le régime électif et la bande politicienne, que le fonctionnement de ce régime démocratique fait apparaître et déchaîne, transforment aussitôt l'homme sensé en citoyen imbécile ! Mon compagnon est-il socialiste ? Je l'ignore. Républicain, cela va de soi : maladie contagieuse ! S'il ne comprend pas la cause politique des impôts qui l'écrasent, il constate très bien l'inutilité, pour l'intérêt public, de ces lourdes charges : « Si cela servait à quelque chose de les payer ! s'exclame-t-il. Mais tout cet argent, c'est comme si on le jetait en l'air ! On a beau payer : on n'est pas plus avancé ! » D'être propriétaire, voilà qui, malgré tout, lui ouvre un peu les yeux. Il se plaint de la municipalité : « Elle ne s'occupe pas de la voirie ; la saleté des rues est répugnante ; le tombereau passe, le matin, sans que son conducteur y vide les boîtes à ordure des rues ouvrières ou éloignées du centre ; les conseillers ne se préoccupent pas de leur assurer l'eau et l'électricité ; ou bien il n'y a pas de canalisation, ou bien l'on fait la canalisation de l'eau sans lui permettre, à lui qui construit, de faire un embranchement.

— Mais elle est socialiste, m'écrié-je, votre municipalité! — Oui ! réplique-t-il goguenard... Socialiste... pour eux ! » Et pour qui le seraient-ils
donc ! Le mot « socialiste » donne lieu à méprise :
il est reçu pour l'équivalent d'altruiste ; le socialiste, c'est, s'imagine-t-on vulgairement et naïve-
ment, celui qui cherche le mieux-être des classes
laborieuses et pauvres. Cet ouvrier reproche aux
conseillers municipaux de Decazeville d'être
socialistes « pour eux » et non pour les autres,
comme si le socialiste n'était pas essentiellement
l'exploiteur des autres pour soi ! Telle est la puissance de piperie des mots ! Il n'en va pas autrement pour ceux de République, Démocratie,
Peuple, Révolution, que pour celui de Socialisme.
La duperie des pauvres gens par le verbalisme
électoral, voilà le tout du régime démocratique
et républicain.

Les ouvriers rouergats que je trouve dans ce
service sont, comme ceux que j'ai quittés, excellents camarades, serviables, acceptant sans mot
dire le plus dur d'une tâche quand ils s'aper-
çoivent que leur compagnon est trop âgé ou trop
faible physiquement pour s'en acquitter. L'un
d'eux me demande si je suis Russe. « Mais non !
Français ! Comment pouvez-vous supposer que
je sois Russe ? — Parce que vous parlez très
bien le français. Les Russes qui l'ont appris dans
la grammaire le parlent très correctement,
tandis que nous autres, qui avons l'habitude
du patois et qui le mélangeons de patois, nous
parlons en mauvais français. » Mauvais, non !

Mais ils le parlent avec un fort accent méridional.

Un autre Rouergat me désigne un manœuvre : « Un Grec ». Jeune, maigre, les traits fins, les yeux vifs, le regard aigu et mobile, un long nez aquilin, ce Grec, qui commence à parler notre langue, fait déjà des jeux de mots : « Ces *affaires*, dit-il en désignant les lingotières, sont en *fer*. » Et il est si heureux d'avoir trouvé cette même consonance pour des sens différents qù'il répète en riant sa phrase. Je doute que cet Ionien subtil, à l'esprit toujours en éveil, reste longtemps ouvrier d'usine : comme ses frères Hellènes, il aura tôt fait de s'introduire dans quelque autre milieu plus relevé et de s'y tailler une place meilleure.

« Les Russes que vous voyez vêtus de leur uniforme militaire, me dit un manœuvre russe, arrivent de Bulgarie... Moi-même, ajoute-t-il, j'y ai passé trois ans. — Vous ne deviez pas facilement trouver du travail ? — Mais non : il n'y a pas d'industrie. C'est pour cela que nous venons en France. — Presque tous les Bulgares sont des paysans ? — Mais oui. Et des paysans aussi ignorants que des Turcs. — Comment se fait-il qu'il y ait tant de révolutionnaires parmi eux ? — Bah ! la Révolution est à la mode... Chaque pays veut faire la sienne... Et puis, les Bulgares disent qu'ils veulent être cultivés, comme les Américains... Enfin, il y a l'argent des Soviets qui crée et entretient les troubles et les perturbateurs : comme le Bulgare est pauvre, avec de l'argent... »

Je lui dis : « Vous n'êtes pas près de rentrer en Russie. On ne voit pas la fin du bolchevisme et il n'est pas possible de vivre sous un pareil régime... » Alors, soudain très prudent, il me fait, par une mimique silencieuse, une réponse évasive : il hoche et balance la tête, ferme les yeux, fait la moue et hausse les épaules en signe d'incertitude, oscille de droite sur gauche et de gauche sur droite la main. Il craint un piège. Il sait que les émigrés sont épiés étroitement. Le Russe bolchevik ne les surveillerait-il pas ? ou même quelque Russe qui se donne comme anti-bolchevik ? et pourquoi ne se demanderait-il pas si un Français, qui montre une curiosité de ce genre, n'est pas, lui aussi, chargé de relever les noms à inscrire sur la liste noire de la Tchéka ?

Un autre jour, je lie conversation avec un autre manœuvre russe qui se montre tout à fait dénué de préoccupations et préventions de cette nature. Il a vingt-cinq ans. Il vient de servir pendant cinq années à la Légion étrangère. Il s'efforce de faire le plus d'économies possible pour se constituer, d'abord, une garde-robe, puis un petit pécule. Tout jeune encore, il a combattu dans l'armée de Wrangel ; enveloppé dans le désastre final, il a été évacué sur Constantinople. « Nous ne pouvions y rester. Il n'y avait pas de travail à nous donner et, d'ailleurs, nous avons été mis en demeure de choisir entre l'évacuation sur la Russie bolchevisée ou bien sur l'Afrique dans la Légion étrangère. On nous promettait une haute paye et quantité d'avantages que nous n'avons pas trouvés. Il n'y avait pas à hésiter : cinq mille Russes ont signé leur engagement. C'est une rude école, la Légion étrangère ! J'ai passé la moitié de mon temps dans le Sud-Algérien et l'autre moitié au Maroc à faire la guerre. Beaucoup de mes compatriotes y ont été tués. Ma Compagnie y a perdu deux cents hommes... J'ai beaucoup souffert du climat de l'Afrique. J'étais moralement très déprimé, ayant appris que mon père était mort des souffrances et des mauvais traitements qu'il avait endurés. Ma sœur et ma mère sont encore là-bas. Je ne les reverrai jamais... Ma sœur m'avait écrit une lettre où elle faisait l'éloge des Soviets...

« — Parce qu'elle savait que la lettre serait lue par la police bolchevique et que la moindre critique ou même l'absence d'approbation du régime lui vaudrait l'emprisonnement et peut-être la mort !

« — Mais oui ! Mais, indigné, j'ai commis l'imprudence de lui écrire tout le mal que je pensais des bolcheviks et j'ai été informé qu'elle avait été appelée devant le juge...

« — Vous ne deviniez donc pas que c'est un crime d'avoir des parents émigrés ! et que ceux qui restent en Russie sont des otages et de futures victimes !... »

Il secoue tristement la tête.

« Comment, demandé-je, l'armée de Wrangel a-t-elle été finalement battue ? Manquait-elle d'armes et de munitions ?

« — Oh ! non ! Les Anglais en fournissaient

à la fois aux Blancs et aux Rouges, autant que les uns et les autres en avaient besoin. Mais nous avons été écrasés par le nombre : la Pologne ayant cessé de se battre, les Soviets ont concentré contre nous toutes leurs forces, un million et demi d'hommes ! et nous étions cinquante mille !

« — Cette histoire pourrait bien recommencer en France...

« — Je ne le pense pas, dit-il. En France, chacun a un peu de bien, un peu de terre...

« — Et les communistes leur promettent de leur en donner davantage en leur partageant les biens des Français plus fortunés ! Le Français sera communiste, soit pour obtenir une propriété qu'il n'a pas, car tous n'en sont pas pourvus, soit pour recevoir plus de propriété qu'il n'en possède.

« — Mais, objecte-t-il, les Français sont plus civilisés que les Russes.

« — Donc, en Révolution, ils seront pires : lorsque la bête humaine est déchaînée, elle est d'autant plus redoutable, cruelle, féroce, qu'elle est plus intelligente, plus cultivée, plus raffinée.

« — Ah ! oui ! la bête déchaînée !... J'en ai vu, des Russes, bons, doux, incapables de faire du mal à une mouche, dévoués à leurs officiers, et qui, devenus révolutionnaires, se sont montrés plus cruels que les autres !

« — Voyez, lui dis-je, les ouvriers de cette usine. Ils sont bons camarades, serviables, travailleurs, bons pères de famille. Ce sont, en majorité, des socialistes, non des communistes...

« — Les communistes français ne forment qu'une minorité...

« — Comme les communistes russes n'étaient qu'une minorité. Mais cette minorité conduit la majorité, parce qu'elle a un programme plus net et plus séduisant et la volonté inflexible de le réaliser coûte que coûte, tandis que la majorité promet moins, ne veut pas aussi fortement, est, par suite, prête à accepter ou à subir la loi des autres. La minorité communiste donnera, au moment favorable, l'impulsion et tout le reste suivra.

« — Comme des moutons, achève-t-il doucement.

« — Comme des moutons ! Et pourquoi ne suivraient-ils pas lorsqu'on leur dira : l'heure de l'affranchissement a sonné, cette usine est à vous !

« — Et qu'est-ce qu'ils en feront de cette usine ! soupire le Russe avec un sourire d'ironie attristée et en secouant la tête.

« — Mais rien ! Pour la bonne raison qu'ils sont incapables de la diriger, faute de science et de capitaux, d'autorité et de discipline, et pour cette raison plus décisive encore que l'Etat leur dira : elle est à vous, donc elle est à moi, et maintenant travaillez !

« — Oui, comme dans la Russie des Soviets. Avant de rejoindre Wrangel, je les ai vues leurs usines : plus de droit de grève, journée de douze heures, salaires inférieurs de moitié à ceux du temps du Tzar, les ouvriers surveillés par les soldats rouges, baïonnette au canon, même lors-

qu'ils allaient aux cabinets : « Dépêchez-vous ! »
criaient les soldats. Et une nourriture de temps
de famine...

« — Dans l'armée de Wrangel, toutes les
classes de la société étaient représentées ?

« — Oui. Mais surtout les paysans. J'étais
comptable. La plupart des nôtres étaient des
moujiks. Des hommes riches n'ont voulu payer
ni de leur personne ni de leur argent, croyant
qu'en s'abstenant de combattre ou d'aider à
combattre les bolcheviks ils s'en feraient bien
voir et sauveraient leurs personnes et leurs propriétés...

« — Comme chez nous ! Les imbéciles qui se
croient malins, et ils sont légion, ménagent déjà
par avance les bolcheviks français. »

Quelques-uns même les favorisent et les sub-
ventionnent. Il existe sûrement des bolcheviks
chrétiens, suite toute naturelle des démocrates
et socialistes chrétiens et du ralliement à la République, mère de la démagogie et de la Révolution.
Tout s'enchaîne et ceux qui s'accrochent à cette
chaîne seront traînés par le cou jusqu'aux plus
extrêmes conséquences de leur incurable sottise.

Le Russe reprend : « Ce sont les Juifs qui nous
ont perdus.

« — Mais les Juifs russes, polonais, hongrois,
nous envahissent en masse depuis la Révolution bolchevique. Ils arrivent chez nous, beaucoup ayant leurs poches pleines d'argent. Ils sont
prêts à recommencer en France les opérations
fructueuses de désordre et de pillage auxquelles

ils se sont livrés chez vous. Après quoi, ils émigreront en Amérique, gémissant sur les maux dont ils ont souffert et se donnant figures de victimes d'une éternelle persécution.

« — Les Juifs sont disséminés à travers les nations, mais ils n'en forment qu'une et se soutiennent partout avec une force invincible, tandis que les chrétiens sont divisés...

« — Parce que les Juifs les divisent ! Et les chrétiens ne le voient pas ! »

Quelques heures plus tard, un ouvrier rouergat me désignant un manœuvre russe : « Il a, me dit-il, son passeport dans sa poche pour rentrer en Russie. — Oh ! m'écrié-je, croyez-vous ! Rentrer en Russie ! Pour être jeté en prison ou crever de faim ? — Mais..., essaie-t-il de protester,... on lui donnera du travail... — Quel travail ? Là-bas c'est le chômage ou les travaux forcés et, dans tous les cas, la misère. Et tout émigré est l'ennemi pour qui il n'y a ni travail ni pain. Ceux qui se trouvent hors de la cage russe se gardent bien, s'ils ne sont pas fous, d'y rentrer ! »

L'homme baisse les yeux et se tait, l'air mécontent, mais subitement silencieux par prudence. Voilà l'état d'esprit actuel de nos ouvriers : en 1920, beaucoup se défiaient du bolchevisme russe, s'alarmaient même à la pensée qu'il pourrait triompher en France (1) ; depuis cette époque, l'opinion, sournoisement travaillée, mais

(1) Voir, par exemple, *Ouvriers parisiens d'après-guerre*, p. 49, 159, 163.

avec obtination et méthode, sans répit, retourne
à ses vieilles sympathies pour les révolutionnaires
et croit ou incline à croire à la bienfaisance du
régime soviétique. Les campagnes violentes de
L'Humanité, hypocrites du *Quotidien*, insinuantes
d'organes radicaux-socialistes, radicaux et même
modérés, de Paris et de province, ont exercé
sur le public une influence désastreuse.

A côté de nous, un jeune ouvrier espagnol,
d'une vingtaine d'années, sourit de pitié en
regardant mon interlocuteur, et, en quelques
mots, appuie mes conclusions. Je m'entretiens
avec lui un peu plus tard. Sa famille exploitait
une ferme aux environs de Melilla. Tout a été
ravagé par l'invasion rifaine. Ruinés, ces Espagnols ont dû fuir et sont venus se réfugier en
France ; les circonstances les ont amenés à
Decazeville où ils travaillent aux usines. Ce
jeune homme avait fait ses études secondaires
dans un collège. Il a été précipité dans la misère
par la guerre comme d'autres par la Révolution.
Il attend avec impatience le moment d'aller
faire son service militaire en Espagne pour ensuite tenter de se reclasser.

Jamais je ne vois un journal aux mains des
ouvriers, dans les ateliers ni à l'entrée ou la sortie
du travail. Je ne surprends pas de propos politiques ou nettement socialistes. Mais, lorsque j'ai
été amené à critiquer le bolchevisme russe, mes
interlocuteurs, par leur réserve subite et même
leur expression de mécontentement, m'ont fait
sentir la sympathie qu'ils portent aux gens de

Moscou. Comme je l'apprends par ailleurs et de tous côtés, ces ouvriers sont, d'une façon générale, acquis au socialisme sans qu'aucun d'entre eux sache en quoi il consiste réellement. Les propos que me tiennent deux ouvriers rouergats, du service des fours, révèlent de quel mal souffrent les salariés et nous montrent que le socialisme les gagne parce que ce mal ne reçoit pas de remède.

Un de ces ouvriers, âgé, me dit-il, de 57 ans, était entré dans sa jeunesse au chemin de fer Paris-Orléans : « A cette époque-là, on n'y gagnait guère d'argent et je ne pouvais prévoir toutes les améliorations qui ont été apportées au sort des cheminots. J'ai quitté la Compagnie. Maintenant, je le regrette. Un de mes parents y travaille comme dessinateur... Il ne ferait pas pour moi ce que je ferais pour lui... Il n'a pas souffert... Alors, il ne sait pas ce que c'est que vivre... Si j'étais resté au P. O. comme mécanicien, j'aurais eu droit, à 50 ans, à 6.000 fr. de retraite, la moitié du traitement. Ici, on peut travailler toute sa vie sans être plus avancé : on n'a rien pour sa vieillesse... Réclamez à un ingénieur : il vous répond que, si vous n'êtes pas content, vous n'avez qu'à aller ailleurs ! L'ingénieur se fiche de notre situation ! La Compagnie aussi !... Personne ne peut obliger la Compagnie à nous servir une retraite... Il faudrait un syndicat... Il y en a bien eu... Mais, chaque fois que la caisse a été pleine, les chefs nous ont bourré le crâne et ont dépensé tout l'argent pour rien !... »

Le dénûment dans la vieillesse après toute une

vie de travail, voilà la plaie, une des plaies du
moins et une des plus graves, de la vie ouvrière :
l'ouvrier en souffre, est découragé ou exaspéré.
Il a l'impression que l'ingénieur et la Compagnie « se fichent » de lui, qu'ils sont indifférents à son sort, qu'il n'en peut rien attendre.
Alors il se tourne vers ceux qui paraissent s'inquiéter de son état, le meneur socialiste ou le parlementaire : il met son espoir dans la Révolution,
à tout le moins dans le pouvoir des législateurs.
Et il devient la proie des politiciens de la rue
ou du Palais-Bourbon. Ce vieil ouvrier dont je
rapporte les propos songe bien au syndicat ;
mais l'expérience qu'il en a acquise est faite de
déceptions. Sa plainte esquisse, en un bref raccourci, une excellente critique à la fois du libéralisme économique et du syndicalisme démocratique et socialiste. L'unique solution, c'est la
doctrine corporative qui la donne : la fortune
collective des professionnels organisés en un Corps
de métier mettrait l'ouvrier à l'abri du besoin pendant toute sa vie de travailleur et pendant toute
sa vie de retraité. Mais la doctrine républicaine
s'y oppose : la Corporation soustrairait les ouvriers à l'exploitation électorale et politicienne ;
il faut qu'ils souffrent pour que l'industrie parlementaire puisse utiliser leur mécontentement ;
et puis la Corporation assurerait contre l'Etat
illégitimement omnipotent l'indépendance légitime des citoyens et des corps producteurs ;
qu'aucune puissance ne vienne donc limiter le
pouvoir de l'Etat ! L'étatisme républicain et

parlementaire, la socialisation jacobine progressive des pensées, des biens et des personnes, l'esclavage païen moderne du socialisme ne peuvent souffrir la solution libératrice de la Corporation.

Le même ouvrier rouergat, le surlendemain, m'apprend que la Compagnie sert une pension de « trente francs par mois à ceux qui la quittent après y avoir travaillé pendant trente ans ». C'est un pur don gratuit de l'administration, d'ailleurs infime, mais qui n'en marque pas moins, à l'état embryonnaire, l'idée du lien professionnel entre employeurs et salariés et de la nécessité d'assurer à ceux-ci une retraite convenable pour la vieillesse. Mais le service des retraites devrait être le fruit des efforts et sacrifices communs de tous les membres de la profession et non le résultat d'une générosité unilatérale, arbitraire et insuffisante. Une entreprise isolée ne peut assumer, sauf dans de rares exceptions, une aussi lourde charge ; mais l'union des patrons et salariés de toutes les entreprises d'un même métier, dans une localité ou une région, peut aisément, avec l'aide du temps surtout, constituer un important patrimoine commun, corporatif, capable de prendre la charge de tous ces services d'assurances ouvrières.

La Compagnie, comprenant du moins que la simple observation du contrat de louage de travail n'épuise pas les devoirs des employeurs à l'égard des gens qu'ils emploient, s'est préoccupée des femmes qui travaillent sur le carreau de

la mine et leur a ouvert une « école ménagère ».
Il existe donc, on le reconnaît, un autre lien
entre patrons et ouvriers que celui que crée le
Do us des du contrat de travail : tant d'heures
pour tel salaire. Il y a un devoir de formation
professionnelle et d'éducation morale qui résulte
des rapports sociaux, engendrés par le contrat
de travail, entre l'ensemble des employeurs et
l'ensemble des employés, formant les uns et les
autres entre eux tous une société particulière,
une société de métier, un « corps professionnel », dans une région donnée. La formation
technique éducative n'est qu'un des points
particuliers d'application de l'activité corporative.

Un jour, un vieux fondeur m'énumère ses
griefs : « Ah ! pendant plus de soixante ans,
l'ouvrier a dû faire ici douze heures de présence
et ne recevoir que le salaire de dix heures. On
nous volait deux heures ! Multipliez-les par le
nombre des ouvriers et le nombre des journées
annuelles, ça lui en faisait de l'argent à la Compagnie !... On ne pouvait y trouver du travail
sans une lettre des curés. Pour un rien, on était
mis à pied, ou marqué au crayon rouge et alors
il n'y avait pas de travail pour nos enfants, ou
on était fichu dehors !... Maintenant, ça n'est
plus ça : ils manquent de bras ; ils sont trop
contents de nous trouver, nous et les étrangers.
Ils n'osent rien dire... On ne nous embête plus...
Et puis, on a la journée de huit heures et on est
payé pour huit heures... Au temps des douze

heures, il fallait apporter son repas et manger ici... mais manger à n'importe quelle heure, car le travail commande tout : si la fonte est prête, il faut vider le four, le nettoyer, le préparer ; après ce travail-là on n'avait plus faim, on ne mangeait pas et, si l'on se mettait à boire, on était fichu... A ce métier-là, il faut observer un régime ou on est perdu... Mais, avec les huit heures, on vient, on fait son travail, on le fait bien ! Le travail fini, allez ! on rentre chez soi se laver, manger chaud, se reposer : tout va bien !... Malheureusement, les huit heures mettent les paysans contre nous... Poincaré aussi est contre les huit heures... avec toute la calotte !... Ah ! quand donc verrons-nous les retraites pour les métallurgistes !... »

On le constate nettement : le socialisme n'est rien de plus pour ces ouvriers que le moyen de leur obtenir des conditions *humaines* de travail. La doctrine socialiste — appropriation par l'Etat des moyens de production, suppression de la propriété privée, de la monnaie, du commerce, étatisation de la pensée, des biens, des personnes même — cette doctrine d'esclavage intégral, dont l'application totale se place au terme de l'évolution logique et historique de la doctrine républicaine et démocratique et de ses réalisations successives, est l'œuvre théorique de professeurs ; elle alimente pratiquement le programme électoral des professionnels de la politique en régime électif ; mais elle ne correspond nullement à ce que, de lui-même et en rai-

son des souffrances qu'il éprouve et des besoins
qu'il ressent, l'ouvrier désire, veut, réclame,
attend : il demande à vivre en homme et non
comme une bête. Bien entendu, l'entreprise ne
peut subsister que si elle fait des bénéfices : mais
elle ne doit chercher à en réaliser et accepter d'en
faire que si elle consent à s'efforcer de faire vivre
humainement, dans la mesure de ses moyens,
les hommes qu'elle emploie. Les dépenses qu'elle
doit, de ce chef, assumer s'incorporent, comme
le service des capitaux, machines et bâtiments, au prix de revient. Encore faut-il qu'elle
puisse, dans ces conditions, supporter la concurrence étrangère : c'est au gouvernement qu'il
appartient de l'aider à s'en préserver — problème
essentiellement politique, donc inséparable de
la nature des institutions, car leur fonctionnement dépend de leur structure ; un service ne
peut être rendu que par un organe approprié
et il est d'autant mieux rendu que cet organe
est mieux constitué pour le rendre. Si le problème de l'organisation de la production, donc
de l'organisation professionnelle (problème économique, social et, *stricto sensu*, ouvrier), et le problème de l'organisation de l'Etat ne sont pas résolus correctement, l'ouvrier, parce qu'il souffre
et que les perturbateurs politiques et sociaux
exploitent sa souffrance, se mue en socialiste,
en révolutionnaire, et attend des fabricants
de nuées la réalisation des institutions bienfai-
santes qu'ils sont naturellement impuissants à
créer. Le libéralisme économique fabrique des

socialistes que le démocratisme politique exploite et trompe honteusement. L'un et l'autre entraînent la nation, la société, la civilisation, à la catastrophe où elles périront. La solution économique, c'est la Corporation, comme la solution politique, c'est la Monarchie, comme la solution philosophique, morale et religieuse, c'est le Catholicisme.

Quelques ouvriers professent cette triple vérité. Je ne les fréquente qu'en dehors de l'usine. Aux ateliers, ils sont isolés, noyés dans une masse acquise au socialisme et au matérialisme : ils ne peuvent que se taire. Transportant, un jour, à travers les cours, un lourd fardeau, je passe auprès de l'un d'eux en conversation avec plusieurs camarades. Il me jette un rapide regard muet et se détourne aussitôt. Me rencontrant quelques jours plus tard, en ville, il me dit : « J'ai feint de ne pas vous connaître. Il faut être prudent. On est vite repéré. » Et l'hostilité se déchaîne aussitôt. Les jeunes apprentis qui sortent de l'école chrétienne sont, dès leur arrivée à l'usine, l'objet des quolibets des anciens : aucune raillerie ne leur est épargnée ; ils sont assaillis de propos obscènes, abreuvés d'humiliations, découragés par mille petites persécutions qui leur rendent la vie de l'atelier intolérable. L'un d'eux, comme les petits camarades de Romans, arrivait chaque soir au patronage de la paroisse, tout en larmes. Sa courageuse ténacité a fini par lasser ses persécuteurs. Il n'est actuellement d'autre moyen de sauver

ces adolescents que de les agréger, à l'instant
même où ils quittent l'école pour l'usine, aux
groupes religieux ou politiques de jeunes et de
leur apprendre à avoir le courage et la fierté de
leur foi, à tenir tête à leurs contradicteurs, à
se porter mutuellement secours s'ils sont plusieurs dans le même atelier et à faire front contre
l'ennemi.

La malfaisance des idées fausses qui empoi-
sonnent l'immense majorité des ouvriers apparaît
ici avec d'autant plus de force que les traitements indignes qu'ils font subir avec tant de
lâcheté à des adolescents héroïques dans leur
fidélité au Christ contrastent plus fortement
avec leurs habitudes de bonne camaraderie.
Chaque fois, par exemple, que j'ai travaillé avec
un ouvrier plus jeune ou plus vigoureux ou plus
expérimenté, il a toujours, de deux fardeaux à
porter, pris, sans dire mot, le plus lourd. A
cette complaisance entre camarades répondait
la sagesse dans le commandement : dans la
répartition des tâches, les deux chefs d'équipe
auxquels j'ai eu successivement à obéir ont toujours tenu compte de la force physique et de l'âge
de leurs subordonnés. Ils agissaient avec justice
et conformément au bien du service sans donner
d'explications : investis d'un commandement,
ils ne rendaient pas compte de son exercice à
ceux sur lesquels ils l'exerçaient ; ils avaient
pleinement le sens de l'autorité, de la responsa-
bilité qu'elle entraîne et des prérogatives qu'elle
confère.

Mes huit jours donnés suivant l'usage local, j'ai accompli pendant tout l'après-midi d'un samedi les diverses formalités du débauchage — paie, certificat — qui exigent de multiples stations aux guichets ou bureaux de différents services logés dans des bâtiments dispersés.

§ 2. — *Logis et pensions. Budget.*

Les chambres vacantes sont rares, tous les logis fort malpropres, d'aspect misérable, envahis par les parasites et chers : une chambre se paie 50 à 60 fr. par mois. Je trouve deux mansardes à louer ; puis, une petite chambre meublée que la propriétaire ne veut même pas me montrer : « Ah ! non ! ça n'est pas pour vous ! ça n'est pas ce qu'il vous faut ! » Des cloisons de bois, hautes d'à peine 2 m. 50, séparaient des sortes de boxes auxquelles les tuiles du toit faisaient un plafond commun. Dans une vieille auberge, installée en une bâtisse plus crasseuse encore que les autres maisons de la ville, le prix de pension — nourriture et logement — est de 13 fr. ; l'étage est très bas, l'escalier étroit et noir ; la chambre, à peine éclairée en plein jour par une étroite fenêtre grillée sur laquelle avance un large balcon où sèchent linge et guenilles et empuantie par cette cour étroite qui sert de dépotoir, est meublée de deux lits, d'une petite table dépourvue de tout ustensile de toilette — ni cuvette, ni seau, ni broc — ; les murs et le plafond revêtent la coloration d'un fumier croupissant et le tout est d'une saleté répugnante.

Je sous-loue pour 50 fr. une chambre dépendant d'un logis d'ouvrier, mais ayant une entrée distincte. Elle est proche de l'usine et située au premier étage d'une bâtisse couleur de charbon. On y accède par un couloir obscur, aux murs noirs. La pièce est vaste, mesurant quatre à cinq mètres sur chaque côté. Les murs ont été badigeonnés jadis d'un enduit de couleur jaunâtre où s'étalent des champs et nuages de poussière grise incrustée dans les plus petites rugosités du plâtre ; le plafond est d'un gris jaunâtre, effacé par places, strié de noir, ponctué de traces de mouches, taché d'un jaune noirâtre par d'anciennes infiltrations d'eau ; le parquet, lavé et balayé, garde une nuance de poussière sombre incorporée à ses moindres fibres. Je dois acheter une bougie pour m'éclairer, le soir. Le mobilier comprend : un lit de bois, avec couverture de laine rouge, édredon et oreiller enveloppés de toile écrue à fleurs roses ; une petite table de chevet fabriquée grossièrement, par un amateur très inexpérimenté, avec des morceaux de bois blanc ; une petite toilette, de même fabrication, avec une seule serviette, une cuvette et un broc de fer émaillé, mais pas de seau ; une sorte de bas de buffet à demi disloqué dont les deux planches me servent de commode et d'armoire ; une table ; deux chaises dont l'une n'a plus que la moitié de son dossier ; au mur, une mauvaise

glace, de vingt centimètres de côté, et un porte-
manteau patiné de crasse, dont quatre têtes sur
neuf sont brisées. Des cabinets rudimentaires
sont improvisés dans la cour. C'est à la borne-
fontaine, à une courte distance, dans la rue, que
je dois aller chercher l'eau dont j'ai besoin.

En songeant aux autres chambres que j'ai
visitées, je m'estime magnifiquement logé. Ni
l'air, ni la lumière, ni le soleil ne me manquent.
La fenêtre ouvre sur un autre corps de logis,
couleur de charbon, sur des toits de tuiles noircies, une cour caillouteuse et noire, peuplée
d'enfants qui pépient, chantent, s'interpellent,
s'amusent d'un morceau de carton, d'un bout
de bois, d'un indéfinissable débris, heureux de
vivre et de grandir dans ce décor de misère. Une
demi-douzaine de garçonnets et fillettes, de six à
huit ans, jouent dans un coin ; une des petites
s'écrie : « Tous les rois sont morts ! — Pas le roi
d'Espagne ! » réplique vivement et fièrement une
petite Espagnole. Dans un autre coin, derrière
un rideau de linge tendu sur une corde où il sèche,
une vieille grand'mère reste assise tout le jour
sans parler, sans bouger, achevant de vivre dans
la tristesse de cette cour humide et sombre qui
évoque en mon souvenir mon ancien logis, bien
plus triste et bien plus misérable encore, de
Saint-Etienne, au quartier Roannelle (1). Ceux
qui passent leur existence à la mine ou à la forge
et dans un tel cadre matériel, si on leur ferme

____

(1) Voir *Les Mineurs*, p. 132 et suivantes.

toute issue vers le ciel, sont rejetés aux plaisirs et aux violences de la brute. Et tel est bien le but que poursuivent les hommes qui, sous le couvert du pauvre Souverain de Peuple, se sont emparés de sa destinée et l'ont précipité du ciel sur terre où ils le tiennent lié comme au fond d'un caveau.

Le locataire à qui j'ai sous-loué cette chambre est un ouvrier à gros salaire de la Compagnie de Decazeville. Il paraît âgé d'environ 35 ans ; sa femme, d'allures discrètes, de manières polies, s'occupe de tenir le ménage et d'élever leur jeune et unique enfant. Lorsque je suis venu visiter la chambre, je lui demandai s'il y avait des punaises ; elle se hâta de répondre que non, la chambre et le lit ayant été soigneusement nettoyés, puis avoua que, s'il faisait plus chaud, il en viendrait, ajoutant que, « d'ailleurs, le corps les attire ». En fait, tout Decazeville en est infesté : par myriades, elles ont pris possession de toute la ville et ce n'est pas seulement chez les ouvriers qu'on en est incommodé. La première nuit, elles m'ont assailli en grand nombre : réveillé à cinq reprises, j'en ai tué chaque fois une trentaine. La seconde nuit, harassé de fatigue, je ne me suis réveillé qu'une fois pour en tuer une douzaine. Les nuits suivantes, très las de mon travail à l'usine, je ne me réveillais que deux ou trois fois et chaque fois, j'en trouvais et tuais deux ou trois ; un matin, j'en ai surpris une qui s'était attardée sur mon drap ; à la mi-Septembre, pendant deux nuits, en raison sans doute de la fraîcheur de l'atmosphère, je n'en sentis aucune.

Dans les auberges et restaurants les plus modestes, le prix d'un repas isolé ou d'une chambre pour la nuit varie entre sept et neuf francs. Le prix de pension pour la collation du matin et les deux repas est habituellement de douze francs par jour. La collation consiste en soupe, ou café, ou pain et fromage ; chaque repas se compose de soupe, viande, légume, fromage, biscuit ou fruit, un demi-litre de vin rouge, pain et, en outre, à midi, du café.

J'ai dû pousser pas mal de portes avant de trouver une pension où l'on voulût bien m'accueillir. Le patron ou la patronne semblait chaque fois plongé par ma demande dans un abîme de perplexités : l'homme ou la femme ne sortait d'un silence prudent et calculateur qu'après avoir tourné plus de sept fois sa langue dans sa bouche et pour me d' , finalement, qu'il ne prenait pas de nouveau pensionnaire, faute de domestique pour préparer une plus grande quantité d'aliments et assurer un service plus compliqué. Après de multiples démarches, je finis par découvrir une pension ouvrière où l'on me fait la grâce de m'accueillir, au prix habituel de douze francs par jour (1). La cuisine est convenable-

(1) Voici les menus d'un jour ouvrable : au déjeuner, soupe aux haricots verts, gras-double, macaroni, fromage frais, biscuits, café ; au dîner, même potage, bœuf en ra-

ment préparée et la nourriture assez abondante. Chaque dimanche, nous avons du poulet. La patronne trouve tout naturel que je lui demande de me préparer, chaque vendredi, des aliments maigres et, comme je lui rappelle, le vendredi suivant, sa promesse, elle me répond qu'il est inutile de le lui redire, qu'elle y pensait et ne l'oubliera pas. *La Dépêche* (de Toulouse), journal si ardemment anticatholique, se trouve sur la table à la disposition des clients. La jeune bonne est fort coquette et peu farouche ; un de ses amis de passage, un ouvrier, l'emmène, un soir, dans une loge, à 6 fr. 50 la place, d'un théâtre ambulant.

Parfois, des gens de la campagne avoisinante viennent déjeuner. A la façon de quelques ouvriers du pays, ils boivent à l'assiette le bouillon de la soupe et quelquefois après l'avoir additionné de vin. Près de moi prennent place un monteur et un ouvrier carrier. Le monteur, un homme d'une quarantaine d'années, est venu d'une grande ville du Centre : « Je ne m'habituerais pas à Decazeville, me dit-il. Heureusement

goût, haricots verts, salade, fromage, biscuits. Ou bien, comme légumes, un mélange de pois blancs et de carottes ; comme viande, du veau. Un dimanche, au déjeuner, on nous sert : potage, bœuf bouilli, tomates farcies, bifteck, fromage, biscuits, poires, café et eau-de-vie. Au dîner : soupe, œuf sur le plat, haricots verts, poulet, salade, fromage, biscuits, poires. Un vendredi, à midi, on me sert : soupe aux haricots verts, morue frite, œuf sur le plat, fromage, biscuits, café. Le soir, même menu, avec cette différence que l'œuf est remplacé par du céleri cuit et qu'il n'y a pas de café (ainsi que chaque soir).

que je ne m'y trouve que de passage, pour quelques mois, pour monter à l'usine les machines fournies par ma maison. Il faut être du pays pour vivre ici. Ça n'est ni la ville ni la campagne. Les gens sont aimables comme des portes de prison. Même payé très cher, je n'y resterais pas... » Il lit *L'Humanité*, qu'il passe ensuite au carrier. Après quelque temps, sa femme, fort coquettement habillée, et leur unique et jeune enfant, aussi bien vêtue qu'une petite bourgeoise, le rejoignent et prennent pendant plusieurs jours leurs repas à la pension. La fillette — trois à quatre ans — est pouponnée, bichonnée, caressée, cajolée, gâtée, insolente, hargneuse, insupportable ; le père et la mère, ses esclaves, sourient de ses plus sots caprices. Le cas n'est pas isolé. Je l'ai souvent relevé au cours de ces années d'après-guerre. L'enfant unique, enfant-tyran, presque de règle dans la bourgeoisie il y a trente ans encore, tend à devenir un type fréquent dans les familles d'ouvriers à gros salaires. Le monteur et sa famille s'installent ensuite en ville. On les revoit quelquefois, à l'heure de l'apéritif, la femme se plaignant du caractère inhospitalier des habitants, de la saleté des appartements, des parasistes qui les infestent. Un ouvrier d'une trentaine d'années remplace, comme pensionnaire, le monteur : il est, lui aussi, lecteur de *L'Humanité*.

Le carrier — vingt-sept à vingt-huit ans — est de langue d'oil ; il a l'accent un peu traînant des ruraux du Centre ; après quelque temps, il

m'apprend qu'il est Beauceron : « Toute la cuisine, dans ce pays-ci, dit-il en esquissant une
grimace, est faite à la graisse... tandis que, chez
nous » (et son visage s'éclaire de tout le rayonne-
ment de joie que lui cause ce souvenir) « tout
est préparé au beurre... » Plusieurs pensionnaires
se plaignent d'être dévorés par les punaises :
« La patronne, déclare le Beauceron, prétend
qu'il n'y en a pas... Je les ramasse et je les mets
dans une bouteille pour les lui faire voir !...
L'autre jour, j'en ai pris quarante ! Je les lui ai
montrées : elle a paru tout à fait surprise ! »
Les pensionnaires éclatent de rire. Le Beauceron est fort exigeant : il se plaint d'être servi trop
lentement par la bonne, de ne pas obtenir sans
retard le pain ou la fourchette ou tout autre objet
qu'elle a oublié de disposer sur sa table et qu'il a
réclamé ; la nourriture lui déplaît parfois ; ainsi
on lui apporte des lentilles ; il fait la moue :
« Voilà qui est bon pour aller à la chasse ! »
La table boite : « Il faudrait une pièce de cent
sous pour la caler... » et, appelant la servante :
« Demandez donc à la patronne une pièce de
cent sous. » La fille le prend au sérieux, sa maîtresse également qui, compatissante au besoin
passager d'argent qu'elle suppose chez son
pensionnaire, lui envoie un assignat de cinq
francs dont se gausse l'auteur de la plaisanterie.
Il veut additionner d'eau son vin : il demande
à la bonne de lui apporter un litre de « blanche »
(eau-de-vie) ; cette fois, elle comprend et apporte
une carafe.

Une demi-douzaine de métallurgistes, originaires du Rouergue et d'autres provinces méridionales, complètent le groupe des habitués de la pension. Plusieurs, qui connaissent Paris, en parlent volontiers, vantant à leurs camarades ses théâtres et les distractions de toute sorte qu'on y trouve. Un autre a travaillé à Marseille : ce qui l'a frappé, c'est qu'il y a là-bas, dit-il, « un bureau de savants chargés d'étudier la direction des courants marins ». La conversation tombant sur le service militaire : « Bah ! fait un des pensionnaires, si ça ne plaît pas, on n'a qu'à partir à l'étranger, par exemple en Amérique ! » Alors, la patronne intervient : « Si c'est pour s'y établir, il faut emporter de l'argent... Mais 50.000 fr. d'ici, qu'est-ce que ça vaut là-bas ! » ajoute-t-elle en faisant la moue. Un des Rouergats, camionneur-livreur pour le compte d'un gros commerçant de la ville, me dit, un soir : « Je suis invité à aller prendre le café chez mon patron. Mais j'ai peur de ne pas pouvoir partir à mon gré... Et puis, j'aime bien aller avec des copains ; mais, là, c'est trop *Monsieur*... » Louable effort que de chercher à rapprocher les classes : mais tant de différences les éloignent, qui tiennent à l'inévitable diversité des conditions, à l'instruction et l'éducation qu'elles supposent, aux habitudes d'esprit et à la variété de goût qu'elles entraînent ! Il y a cependant un fonds commun auquel puisent tous les hommes : le plus riche, le plus noble, le plus unifiant, c'est le fonds

moral et religieux et l'unité de croyances ;
mais c'est précisément ce que la Révolution
a dissipé et s'est efforcé de détruire, tâche qu'a
reprise et à laquelle s'applique la III⁰ République, depuis un demi-siècle, avec une continuité de vues, une rigueur de méthode, une
habileté vraiment infernales. Un second fonds
commun auquel puisent tous les citoyens, c'est
la tradition nationale, la famille territoriale et
historique, unie, dans un espace et une période
de temps donnés, pour la défense des intérêts
collectifs et la sauvegarde d'un même trésor
moral : mais cette richesse sur laquelle veillait
jalousement et qu'accroissait patiemment le
régime royal, c'est justement ce que la même
Révolution et, après elle, la même III⁰ République se sont acharnées à souiller et à jeter
aux quatre vents de l'espace en instaurant le
régime électif et démocratique des partis, régime diviseur, semeur d'envie, basé sur la lutte
des factions, sur la satisfaction immédiate des
intérêts matériels privés et des plus basses
passions, sur la guerre des classes, le gaspillage,
le désordre, la haine. Un autre fonds commun,
non plus à tous les membres de la grande famille nationale, mais à des groupes nombreux
de citoyens, est celui auquel participent tous
les collaborateurs d'un même métier, l'alimentant et y puisant, leur œuvre et leur aide, leur
famille et leur gouvernement professionnels,
édifice de solidarité, de mutualité, de charité :
la Corporation. Mais, encore un coup, ce rem-

part de liberté et d'union, c'est la Révolution qui l'a renversé et c'est la société qui en est issue, la société républicaine et démocratique, qui empêche de le reconstruire.

Un soir, un des Méridionaux s'indigne parce qu'un Espagnol a vendu fort cher à un autre Espagnol une motocyclette : « Je le comprendrais, dit-il, s'il l'avait vendue à un Français. » Ce jugement lui est inspiré par le sentiment de la famille nationale dont les membres, unis par une fraternité plus étroite et étant les uns pour les autres, plus que ne le serait un étranger, le « prochain », ont droit à un traitement de faveur. Cet homme est cependant socialiste : mais il oublie, dans la pratique courante, tellement elles sont contraires à la réalité, ses théories internationalistes et humanitaires, négatrices de l'idée de patrie ; peut-être aussi oublie-t-il l'idée de justice dans le prix des choses vendues, qui doit être fixé par leur valeur intrinsèque indépendamment de la qualité de l'acheteur (quitte à céder une fraction de ce juste prix en faveur d'un membre de la famille nationale). Cette contradiction entre des idées théoriques fausses, artificiellement mises à la mode, et l'exacte notion des réalités, apprises au contact de l'expérience et réfléchies en dehors de toute poussée du sentiment ou toute perversion du jugement, est des plus fréquentes. Ainsi, un ouvrier de Decazeville, membre important du parti socialiste, se brouilla à mort, il y a quelques années, avec un des chefs du parti unitaire

qui avait pris sa fille pour maîtresse ; le socialiste reprocha à l'unitaire de l'avoir débauchée
et ne le lui pardonna pas, oublieux des idées
socialistes — si tant est qu'il les ait jamais bien
connues ou comprises — sur l'émancipation des
femmes et leur socialisation par l'union libre.

Mon budget s'établit de la façon suivante :
mon salaire quotidien est de 18 fr. ; mon gain
de 300 jours ouvrables, 5.400 fr. Ma dépense
quotidienne, rien que pour le 'ogement et la
nourriture, s'élève à 13 fr. 65, soit, pour 365 jours,
4.962 fr. 25. Il me reste donc 437 fr. 75 —
somme notoirement insuffisante — pour toutes
les autres dépenses (1) indispensables : blanchis-

(1) Le blanchissage de ma serviette de toilette étant à
ma charge, ma note hebdomadaire de blanchissage s'élève
au minimum à 3 fr. 65 :

1 chemise.	1
1 flanelle	1
1 caleçon.	1
1 paire de chaussettes	0,25
1 mouchoir	0,15
1 serviette	0,25
Total.	3,65

Il s'y ajoute parfois un faux col mou, qui accroît de
0 fr. 15 le total de l'addition. Je m'adresse à une Espagnole
demeurant dans la maison ; elle se charge du raccommodage
de mon linge ; j'ai souvent, de ce chef, 2 fr. de supplément
à lui payer. Mes frais de blanchissage et de raccommodage,
réduits au minimum, montent, pour une année, à près de
250 fr.
Une coupe de cheveux coûte 2 fr. 25, sans le pourboire.
Je ne parle pas de la dépense nécessitée par les bains :
Decazeville est dépourvu de tout établissement de ce genre.

sage, coiffeur, lumière, achat de linge, vêtements, chaussures. Je rappelle qu'il s'agit là du salaire le plus bas, le salaire de début d'un manœuvre. Le salaire courant est d'environ 25 fr., accru, s'il y a lieu, par un sursalaire familial.

§ 3. — *Aspect de la ville.*

Les collines du Rouergue surgissent en mamelons, en bosses rondes, aux pentes roides, qui enserrent des vallées étroites et sinueuses. Au fond de l'une d'elles, fume Decazeville. La quinzaine de hautes cheminées des Forges, Aciéries, Hauts Fourneaux et Ateliers, les cages de bois et roues des puits, les gradins taillés pour une exploitation de charbon à ciel ouvert, le cône de scories qui se dresse très haut au-dessus des coteaux voisins, transforment brusquement le paysage rural en paysage industriel. La petite ville s'allonge interminablement, sur le flanc et au pied d'une colline, en une unique rue commerçante, épaissie de quelques courtes voies latérales entre l'église Notre-Dame et la gare et doublée, du côté de l'usine, d'une promenade plantée d'arbres. Les maisons, construites en pierres noires que parfois recouvre un crépi noir, les balcons de bois et les charpentes noircies, les tuiles noirâtres des toits et les briques enfumées des cheminées donnent à la ville un aspect sombre et sale, d'une inexprimable tristesse, qu'accentuent toute l'immense et fumeuse carcasse métallique des Forges et Usines de la Compagnie, le sol noir, boueux et caillouteux, les sommets vert sombre qui l'entourent étroitement et, la dominant, l'encaissent. Le soleil semble y verser sa lumière en vain. Et, quand les nuages couvrent tout, posés sur les coteaux comme un plafond gris sur des piliers ou des murailles, ou bien quand la pluie ruisselle, le jour morne où baigne la triste cité s'harmonise avec elle. Il semble que la vie doive couler ici dans la matérialité d'un travail sans terme et sans joie, sans répit comme sans espérance. Si l'on pénètre dans les logis, la même impression de misère et de saleté est plus forte encore : ce ne sont que cours aux cailloux rudes, escaliers disjoints et sombres, planchers fatigués et noirs, murs badigeonnés de jaune sale ou de nuances incertaines, voisines du gris et du noir. Les maisons ignorent généralement l'éclairage électrique. L'eau est distribuée dans la rue, à des bornes-fontaines. La voirie est dans un état déplorable : trottoirs et chaussées gardent un caractère primitif qu'aggrave leur délabrement. La ville ne possède pas d'établissement de bain. Chaque jour, après le déjeuner et surtout à la fin de l'après-midi et pendant toute la soirée, les gens mettent une chaise sur le trottoir devant leur porte et regardent les passants, guettent les nouveaux visages, bavardent entre eux. Decazeville est un grand village qui se donne en spectacle à lui-même et s'alimente d'innombrables cancans.

Decazeville compte environ 18.000 habitants dont 2.000 Espagnols, hommes, femmes, enfants, et près d'un millier d'étrangers de nationalités diverses. Parmi ces derniers, on trouve, avons-nous vu, de nombreux Russes émigrés après la grande tourmente et qui souffrent dans leur cœur, dans leur intelligence et dans leur chair, la grande peine d'avoir lutté pour le salut de la civilisation et de leur patrie vainement, parce qu'ils n'ont su prévoir l'orage ni organiser à temps les moyens de le vaincre. Combien nombreux et plus coupables, après une telle leçon, les Français qui, en dépit de tant de signes précurseurs, redoublent d'obstination dans l'aveuglement et l'inertie !

Trois mille mineurs et deux mille ouvriers des Forges et Usines constituent la masse de la population, que complètent les boutiquiers, aubergistes, logeurs et débitants, chargés de satisfaire aux divers besoins des salariés. Aubin, Penchot, Viviez, Cransac, Firmy et Decazeville, toutes ces localités voisines les unes des autres forment dans le Rouergue la tache rouge, industrielle et minière.

Dans la population rurale, je remarque deux principaux types ethniques : — le plus grand nombre des habitants sont de taille moyenne, d'aspect massif, silencieux, observateurs, ne parlant qu'à bon escient et faisant preuve d'une pensée réfléchie et d'un jugement solide ; — les autres sont maigres, nerveux, de traits plus fins, de teint plus bronzé, d'allures vives, de verbe abondant et sonore. Les premiers sont les vrais Rouergats de pure race et s'apparentent aux habitants de l'Auvergne. Leurs ancêtres ont dû descendre des sommets du Plateau Central sur ses pentes méridionales ; leur patois est, d'ailleurs, intermédiaire à celui des Auvergnats et au languedocien. Les seconds doivent avoir une origine plus méridionale : leurs ancêtres ont dû remonter dans le Rouergue, venant du Languedoc et de Gascogne dont la population est fortement croisée d'Espagnols. Le Rouergue appartenait jadis à la province de Guyenne dont il constituait l'extrémité orientale.

Le Rouergat a gardé les fortes qualités chrétiennes traditionnelles. Les familles de la province sont nombreuses et fortement constituées. Cette fécondité de la race n'est pas entièrement tarie dans la ville ouvrière de Decazeville ; à en juger par le grand nombre d'enfants qui jouent par bandes dans les rues, le malthusianisme socialiste n'a pas encore exercé par ici toute sa mortelle influence. La puissance des mœurs chrétiennes héritées des ancêtres et maintenues contre les forces dissolvantes du régime explique cette natalité encore satisfaisante ; les quelques petites villes industrielles qui se sont constituées au siècle dernier ne forment que de rares centres noyés dans une population rurale fortement imprégnée d'un esprit religieux qui résiste encore à la contagion urbaine. Les cheveux coupés et les robes indécentes sont plutôt rares.

Bien que fortement combattue et reculant sans cesse, l'influence chrétienne conserve encore une certaine efficacité. Les mœurs patriarcales et religieuses de la campagne environnante, qui cerne Decazeville et lui envoie tant de main-d'œuvre, retardent l'action dissolvante de l'athéisme républicain et socialiste. Le sentiment religieux, affaibli et refoulé dans la profondeur de la conscience, y demeure latent : à demi ruiné par les doctrines officielles de morale et religion laïques, il tombe en sommeil au fond de l'âme où le respect humain et la crainte des persécutions d'atelier l'enferment ; il ne sort de sa torpeur qu'aux époques solennelles de la vie ou à l'heure du grand passage ; le refus formel des derniers sacrements et des obsèques religieuses est très rare. Leur vie ne s'écoule pas moins, pour la très grande majorité, loin de la religion ou même dans l'hostilité à son égard et dans l'immoralité. La promiscuité des logis exigus est aussi une cause de l'altération précoce des mœurs. L'école laïque, la prédication officielle, la propagande socialiste, l'atelier font le reste. Trop de parents acceptent volontiers — et même le disent — que leurs filles deviennent « n'importe quoi » pourvu que ce ne soit pas « des nonnes ». L'inconduite avant le mariage est trop fréquente. La rupture scandaleuse du lien conjugal ne donne lieu qu'à des commentaires amusés. On apprend qu'une femme vient de quitter le foyer conjugal avec un jeune homme qu'on désigne ; j'entends un homme dire, devant sa femme, en souriant : « Ce n'est pas grave... »

Les distractions sont rares, à Decazeville. De deux cinémas, un seul est ouvert en cette saison. Les prix des places sont de 1 fr. 50, 2 fr. et 2 fr. 50. Je m'y rends un samedi soir : toutes les places des première et deuxième classes sont occupées ; celles de la troisième classe sont à moitié vides. L'assistance se compose presque exclusivement de jeunes gens et de jeunes hommes, en casquette et vêtements des jours de travail. En attendant le début de la représentation, un jeune homme d'une vingtaine d'années lit un petit roman populaire à bon marché, *La bague perdue* ; un autre, du même âge, et un troisième plus jeune, lisent *Les belles images*, hebdomadaire illustré enfantin. Un film sur la fabrication du fromage du Cantal excite un vif intérêt, provoque des exclamations et des rires. A la vue du fromage, plusieurs crient : « Il est fameux ! » La salle est animée, vivante, bourdonnante, pendant l'entr'acte, attentionnée et vibrante pendant le déroulement des films.

Un théâtre ambulant est venu s'installer pour quelques jours sur la promenade. Il joue *La porteuse de pain, La dame de chez Maxim's, Mlle Josette ma femme.* Les prix varient entre 1 fr. 50 et 7 fr. 50. La foule ouvrière s'amasse devant la porte, muette, les yeux fixés sur les tentures, partagée entre le désir de goûter à cette joie rare et même inconnue et la crainte

d'être trompée par les promesses du programme ;
de temps à autre, deux ou trois badauds se
détachent et entrent silencieusement. Le succès
de la troupe est cependant si complet qu'elle
prolonge son séjour.

Mais une fâcheuse attraction demeure en
permanence sur la place de la Mairie : plusieurs
cabarets, pourvus d'un orgue à manivelle, d'une
grosse caisse et de cymbales, donnent séance de
bal presque chaque soir ; la jeunesse y fréquente ;
couples du même sexe ou de sexes différents
y tournoient avec passion. Un jeudi, à huit
heures du soir, passant devant ces cafés-bals,
je croise quatre fillettes de huit à dix ans qui,
se donnant le bras, chantent : « Vive la danse ! »
Déjà !...

La grande réjouissance annuelle qui met tout
le pays en liesse est celle de la « Fête de Decazeville », comme on dit aujourd'hui. Il s'agit,
en réalité, de la fête de la Nativité de la Sainte
Vierge, la fête de Notre-Dame de Septembre
— « la bonne Dame de Septembre », comme
on disait jadis en Touraine — et aussi le jour
du pèlerinage à une Vierge locale, Notre-Dame
de Quézac.

Mais la fête religieuse s'efface et disparaît
derrière la fête païenne, populaire et officielle,
instituée, développée, grandie démesurément
par l'Etat « laïque », plus exactement par l'a-
théisme de la III⁰ République. Elle est qualifiée
« Fête de Decazeville ». C'est la canonisation
topographique, la religion du Lieu, la divinisa-

tion de la Cité. Comme dans l'Antiquité, la Cité
devient l'un des dieux qu'on adore et auquel
vont les hommages sous forme de réjouissances
matérielles, de plaisirs sensibles et sensuels.
Les rites consistent en cortèges, concours, exer-
cices, spectacles, jeux divers, comme dans la
Grèce et la Rome païennes, comme dans la
France de la Constituante, de la Législative,
de la Convention, du Directoire, du Consulat,
la France repaganisée par la Révolution jacobine dont la IIIe République a repris l'œuvre
entière qu'elle s'efforce, depuis cinquante ans,
de faire passer dans les mœurs, de façon que
l'habitude collective suggère l'hommage et
l'adhésion progressive de l'intelligence et de la
volonté aux divinités forgées dans les Loges
de la Contre-Eglise : des dogmes et une morale
matérialistes correspondent à ce rituel ; les
Soviets russes imposent brutalement et violemment aux multitudes asservies l'observance
de ce néo-paganisme intégral dont la réalisation
progressive se poursuit chez nous par l'application de lois successives conformément à une
méthode savamment hypocrite, supérieurement
habile à ménager les susceptibilités, endormir
les méfiances, éveiller même de naïfs et funestes
espoirs de réconciliation et de collaboration,
désarmer, affaiblir, empoisonner l'intelligence,
dépraver les mœurs et détruire.

La pauvreté des liturgies imaginées est partout et en tout temps égale à elle-même. Elle
n'en attire pas moins les foules, avides de joies

grossières. A Decazeville, pendant trois jours, du samedi soir au mardi matin, elle mobilise la population des environs et la mêle à celle de la ville.

Dès la fin de l'après-midi du samedi, la ville est en liesse. Devant tous les cabarets, sur les trottoirs et jusque sur la chaussée, des tables ont été dressées sur tréteaux. Place Decaze, devant la mairie, les baraques habituelles — tirs, montagnes russes, manèges de types variés, balançoires et marchands de berlingots — sollicitent les amateurs. Cinq des cafés de la place ont aménagé en salle de bal leur salle de débit et les jeunes, parfois très jeunes, couples tournent sans arrêt en valses chaloupées.

A l'heure du dîner, à ma pension, entre un jeune ouvrier. Il commande un apéritif. Les cloches de l'église se mettent à sonner à toute volée : « Tiens ! s'écrie-t-il, voilà les curés pendus à leurs cloches ! — C'est, dit le patron, pour la fête !... » Cela l'étonne, mais, finalement, il paraît lui plaire d'apprendre que les « curés » annoncent — croit-il — l'ouverture des tirs, bals et chevaux de bois : du moins, les curés et leurs cloches servent-ils à quelque chose ! Ils commencent à se convertir à la religion moderne : ils prennent rang dans l'ordonnance des nouvelles Panathénées ! Il ne leur manque plus que de rompre avec le Saint-Siège, de prêter le serment civique et de se marier, comme au temps des « Grands Ancêtres ».

La fameuse retraite aux flambeaux (« Vous

verrez comme c'est beau ! » m'avait déclaré,
les yeux brillants de plaisir, mon compagnon
de travail) comporte quarante lanternes véni-
tiennes au bout de bâtons, une douzaine de
tambours, autant de clairons, quelques pom-
piers et une fanfare. Une foule avide d'un si
beau spectacle se hâte de faire la haie sur le
passage du cortège : une foule en vêtements
des jours de travail, avec des misérables cas-
quettes sales et fripées, des chaussures grossières,
ou des pantoufles de drap noir, ou des espadrilles,
et des vestons élimés, tachés, graisseux, ouverts
sur les chemises noircies par six jours de labeur,
des pantalons de drap décoloré et déchiré, de
toile bleue rapiécée, de coutil ou de velours.

Le lendemain, dimanche, le programme se
déroule comme il était annoncé. La foule, grossie
par l'affluence des communes voisines, est plus
dense que jamais : endimanchée, mais très
simplement vêtue ; il y a peu d'élégance, même
chez les femmes ; la décence de leur costume
est assez générale pour surprendre l'étranger
qui ignore la puissance tenace des vertus dont
les campagnes du Rouergue ont conservé le
culte ; et, sans doute, ces qualités viennent
s'effriter ou même fondre dans le centre ouvrier
de Decazeville, mais il en reste quelque chose,
du moins une certaine tenue extérieure qui empêche que la démoralisation, cependant réelle,
ne s'affiche par trop, n'étale ses provocations.
L'après-midi, autour des tables dressées devant
les cafés, il n'est plus une seule chaise libre.

Quelques Russes ont revêtu à l'occasion de la
fête le costume national : une casquette mos-
covite et la blouse blanche ou grise, serrée à
la taille. Quelle tristesse de voir ces doulou-
reuses épaves humaines, victimes de leur in-
croyance au péril révolutionnaire, de leur im-
préparation contre l'ennemi intérieur, de leur
manque d'unanimité dans l'effort pour lutter,
armes en main, contre lui ! Mais, insouciante
de ces graves leçons, insensible à ces avertisse-
ments, inconsciente des voies où on la pousse,
des buts auxquels on la conduit, c'est, sur la
Place, au milieu des baraques, une foule dense
qui se presse, fascinée par les manèges où
elle afflue par séries, automatiquement, sous
l'influence de l'imitation, par la contagion de
l'exemple, la suggestion du milieu, l'abandon
à ses remous ; physiquement et psychologique-
ment, la volonté fléchit, tend à abdiquer, la
liberté menace de s'abolir ; une première complaisance coupable, un premier acquiescement libre,
un manque de vigilance sur soi menace d'en faire
perdre l'empire, crée des complicités sourdes
et rapidement tyranniques, qui laissent encore
possible, mais de plus en plus difficile, une reprise
de soi, jusqu'à ce qu'enfin la conscience commune, créée par l'ambiance, meuve chacun. Nous
surprenons, dans ce mécanisme, le phénomène
élémentaire de formation d'un groupe social en
manière de nébuleuse — la foule — où le déter-
minisme de l'espèce la plus basse prend une
influence prédominante. Les unités humaines

perdues dans le flot des curieux se complaisent
à s'y laisser porter, à s'y fondre ; la personnalité
de chacun tend ainsi — en l'absence coupable de
toute réaction de la volonté libre — à s'effacer
au profit d'une personnalité collective, confuse,
obscure, instinctive, suggestionnable où le
bourdonnement des sens hausse le ton, où un
geste, un appel, un cri, un éclat de lumière,
la résonance d'une grosse caisse et des cymbales poussent, attirent, agitent, manœuvrent.
Cette physique des groupes sociaux rudimentaires se retrouve, sous des formes différentes,
dans toutes les manifestations plus élevées de
la vie collective ; mais la connaissance de ses
lois, de ses avantages ou de ses dangers, permet à l'intelligence de guider la volonté dans
son effort pour s'en servir et s'en affranchir.
Seuls, quelques esprits peu cultivés pourraient
être surpris et scandalisés de l'existence de
telles lois d'un ordre si bas et de la limitation
qu'elles posent ou de l'obstacle qu'elles opposent
à notre libre action. Il en est, dans une certaine
mesure, des phénomènes sociaux comme des
phénomènes physiologiques ou physiques qui
régissent notre corps et règlent son activité ;
nous ne pouvons rien contre la loi de la pesan-
teur si, d'abord, nous ne la connaissons, si,
ensuite, nous ne parvenons à inventer les moyens
de lui faire échec. Mais il est clair que, plus
nous nous élevons du physique au psychique,
au social, à l'humain, plus la plasticité des phénomènes est grande et est efficace la puissance

informatrice de la volonté libre et responsable de l'homme.

La morale laïque de l'Instinct, morale officielle de notre Etat jacobin, électif et parlementaire, démocratique et républicain, n'est pas seulement insinuée ou enseignée à l'école publique : son observance est facilitée par les complicités administratives. Ainsi, dans la liturgie néo-païenne des fêtes publiques, la mairie socialiste de Decazeville a introduit le rite des danses nocturnes : un grand bal populaire est organisé de minuit à deux heures du matin et se termine par une bataille de confetti et une farandole générale. On discerne aussitôt que cette chorégraphie nocturne, après plus de vingt-quatre heures de libations, jeux, ébats, abdications et abandons, n'est organisée que pour parachever un si merveilleux entraînement aux Priapées finales. Et, pour être plus sûre de jeter à la débauche la jeunesse, l'administration prévoit pour la nuit du lendemain, de onze heures à une heure du matin, une seconde chorégraphie. Il n'est pas étonnant que mon compagnon de travail à l'usine, si assidu à sa tâche, si régulier dans son observation du règlement, m'ait dit, le samedi soir, non pas « A mardi ! » mais « A mercredi ! » Après deux jours et demi et trois nuits de fête, dont deux de « Grand bal populaire », il est malaisé de revenir à l'atelier sans avoir passé vingt-quatre heures au lit (1).

(1) Nous avons vu que, néanmoins, dès le mardi matin, mon laborieux compagnon avait rejoint son poste.

Le programme démagogique du régime électif,
le plus modéré ou le plus enragé, se résume dans
la même formule : « Je vous donnerai du pain
et des jeux ». Mais ce sont les socialistes qui
en promettent davantage. Et les écervelés croient
à la dernière surenchère.

Le lundi matin, à six et sept heures, les dernières bandes de noctambules parcourent les
rues en chantant ou s'attardent au cabaret
à chanter et boire avant d'aller reprendre au
lit quelques forces (1). La fête va continuer tout
l'après-midi et la nuit suivante : la fête catholique de Notre-Dame de Quézac a été remplacée
par les orgies républicaines de la fête païenne
de la Cité de Decazeville.

Aussi, les ouvriers catholiques et royalistes
de Decazeville veulent-ils délivrer leur pays
d'institutions qui le ruinent et le souillent, qui
lui font progressivement subir une repaganisa-
tion totale, qui favorisent l'évolution rapide
de la nation française vers un état social, moral
et religieux, dont l'athéisme de la Russie bolchevisée marque la dernière étape. Un régime
dans lequel toute loi est justifiée par le fait
d'une majorité que la pure quantité détermine
et qui exprime une Volonté générale tenue
pour infaillible, dont les décisions règlent souve-
rainement le sort des citoyens, leurs biens et
leur vie, leur activité, leurs droits, leur intelligence, leur conscience, et définissent le Vrai,

(1) Au cours de ces fêtes, je n'ai rencontré qu'un ivrogne.

le Bien, le Juste, suppose la divinisation de la Société humaine : l'Etat est Dieu. Le régime électif rend plus particulièrement possible et facile cette transformation de l'ancienne société chrétienne en société païenne, grâce à l'incompétence, l'ignorance, l'aveuglement de la foule et de ses élus, faciles à tromper et à conduire lorsqu'une puissance occulte la noyaute. Le régime républicain est le plus perméable qui soit aux influences cachées et irrésistibles de l'ennemi du dedans et de l'ennemi du dehors : la corruption et l'ignorance leur fournissent des moyens d'action d'une puissance sans limite.

§ 4. — *Etat d'esprit des ouvriers.*

Cette population rouergate, laborieuse et tranquille (1), c'est elle qui, changée en foule prise de folie furieuse, assassina, dans des conditions particulièrement odieuses, avec une férocité sauvage, l'ingénieur Watrin. En présence du préfet, du maire et de la police, les grévistes jetèrent le sous-directeur de la Compagnie, Watrin, par la fenêtre d'un bâtiment de l'usine : la foule qui hurlait au dehors le mit en pièces. C'était en 1889. La municipalité radicale n'a-

(1) Un trait de son caractère est l'obstination à suivre une ligne de conduite une fois adoptée et à s'en tenir aux habitudes reçues : ainsi, les Decazevillois ne tiennent aucun compte de l'heure légale ; ils continuent à compter d'après l'heure solaire.

vait pas eu recours aux mesures de protection
nécessaires. La grève avait pris rapidement une
tournure violente. Après l'assassinat, Millerand, avocat des grévistes de Montceau-les-
Mines, vint plaider pour l'un des assassins de
Watrin. Sa présence et ses discours aggravèrent
l'agitation. L'influence de ce meneur, qui com-
mençait dans ces troubles sanglants sa fortune
politique, ne fut pas étrangère à la longue durée
de la grève ; le travail ne reprit que plus de
cent jours après le meurtre.

Dans son ensemble, la population ouvrière
est socialiste avec une forte et active minorité
communiste. Il existe un syndicat unitaire et
un syndicat cégétiste des mineurs, un syndicat
cégétiste des ouvriers des Forges et Usines ;
un fort noyau de communistes se rencontre
également dans celles-ci, mais sans être constitué en syndicat. Sur les murs de la ville ont
été apposées la proclamation, que j'avais vue
à Romans, en faveur d'un gouvernement ouvrier et paysan, et une affiche communiste
dirigée contre « la jaunisse ». Cette manifestation « unitaire » porte ce titre : « A bas la
jaunisse ! » Elle est dirigée contre le réformisme
de la C. G. T. ; les cégétistes sont traités 'de
« jaunes », parce qu'ils ont refusé de s'associer,
le mois précédent, à une grève révolutionnaire
unitaire. La C. G. T. répond par une affiche
où elle déclare que ces attaques des communistes ne sont pas un bon moyen d'arriver à
réaliser l'unité. La C. G. T. ne semble donc pas

comprendre que la C. G. T. U. entend réaliser
l'unité par la réduction du cégétisme au communisme pur et simple : les mencheviks se
convertiront au bolchevisme ou seront punis
de mort ; l'unité ou la mort, cette formule
transpose correctement l'alternative démocratique qu'avaient jadis imaginée les Jacobins
français : « La fraternité ou la mort ».

Un dimanche matin, à neuf heures, le syndicat unitaire des mineurs tient une assemblée
générale dans une salle de la mairie. La municipalité est amie des cégétistes. Mais, cégétistes ou communistes, s'ils sont frères ennemis,
sont vraiment frères. Il n'y a pas plus de différence entre eux qu'entre bourgeois opportunistes
et radicaux, ou bien entre opportuno-radicaux
de la République bourgeoise et socialo-commu-
nistes de la République d'ouvriers-paysans :
de son extrême-droite à son extrême-gauche,
des Crapauds du Marais à la Montagne, la République française forme un bloc d'une parfaite
homogénéité ; il est impossible d'y constater
ou d'y pratiquer la moindre fissure. Les principes une fois posés — ceux de l'*Encyclopédie*, de
Rousseau, de la Révolution française — l'évolution des modérés aux exaltés est inévitable
en vertu même de ces principes : elle n'est que
le déroulement de leur logique interne et l'effet
du mécanisme des institutions que cette logique met en mouvement.

Il se vend, à Decazeville, un certain nombre
d'*Humanité*, davantage de *Petit Parisien* et

plus encore de *Dépéche de Toulouse*, journal régional cartelliste, essentiellement dévoué à la F.·. M.·. et à la République, celui qui a décatholicisé tout le Midi et le livre par étapes — depuis Gambetta jusqu'à Herriot aujourd'hui, Blum demain et Cachin — à la Révolution. Il veille actuellement au maintien temporaire de la population à l'étape du radicalisme-socialiste en attendant que l'orthodoxie républicaine, poursuivant son évolution normale, achève de développer toutes les conséquences de ses principes. Le conseil municipal de Decazeville est aujourd'hui radical-socialiste et socialiste, succédant à un conseil radical qui avait succédé à un conseil républicain modéré. Le Cartel y est maître : mais ce nom de circonstance ne désigne rien d'autre que la concentration permanente des diverses nuances républicaines sur une formule dont la forme changeante exprime leur accord profond. Cette concentration, qui n'a cessé de se déplacer vers l'extrême-gauche, est maintenant parvenue aux confins du socialisme intégral.

Sous cette discipline nombreuse et souple, la rude population ouvrière de Decazeville, descendue de la campagne ou de la montagne, obéit sans s'en douter à des maîtres invisibles dont elle fait le jeu : dans cette vallée perdue, où les grands intérêts nationaux et internationaux ont un retentissement affaibli et les passions de désordre un lieu d'élection, tout bouillonne ou s'apaise suivant les besoins des chefs mystérieux de factions lointaines. La presse, entièrement manœuvrée par le gouvernement et la finance (c'est tout un en démocratie), domine entièrement l'opinion. *Le Dépêche* fait loi. Les évêques du Midi l'ont mise à l'Index : en sortant de la messe, les fidèles l'achètent. On a essayé de lutter contre elle en lançant un journal, *Le Télégramme*, qui la suit sur le seul terrain politique en préconisant son programme démocratique atténué. Mais *Le Télégramme* ne trouve pas la faveur du public même catholique. L'infériorité de la rédaction, l'insuffisance des nouvelles, la médiocre organisation de sa distribution n'expliquent que pour une part cet échec. La raison décisive en est que le programme politique, étant un peu plus modéré, offre moins d'attrait et aussi qu'il n'est pas celui des gens en place. De cette tactique il résulte, d'une part, que la petite clientèle ainsi recrutée est jetée et maintenue dans le courant qui emporte l'opinion de la grosse majorité à une plus grande vitesse : elle suit ; au lieu de donner des idées, elle en reçoit qui viennent de l'ennemi et dont elle s'imprègne. D'autre part, dans le parti démocratique, elle fait figure de parents pauvres ; elle n'y trouve ni influence, ni force, ni crédit. C'est l'histoire de toutes les capitulations : le rallié est un vaincu admis à suivre le char du triomphateur ; il fortifie l'ennemi qu'il s'imaginait affaiblir et même supplanter. Enfin, comme, en pays de régime électif, de démocratie, la liberté est apparente autant que l'asservis-

sement au pouvoir est réel, *La Dépêche* est lue
par crainte des détenteurs du pouvoir et, par
l'effet de cette même crainte, le journal imi-
tateur, sinon simulateur, est rejeté : les coiffeurs
et cafetiers n'en veulent pas de peur de s'attirer
la malveillance administrative. La petite terreur produit ses effets : moyen efficace de règne
pour la faction maîtresse de la puissance publique.

Habilement composée, *La Dépêche de Toulouse* consacre une page à la chronique locale
de la région du Midi où elle est mise en vente.
Ainsi, les numéros vendus à Decazeville con-
sacrent cette page aux départements de l'Aveyron, du Cantal, de la Lozère et du Lot. Ce sont
ces abondantes informations locales qui lui
attirent le plus grand nombre de lecteurs. Les
instituteurs et autres correspondants de ce
journal, qui dispense la pure doctrine païenne
de la IIIe République française, fournissent la
matière de ces faits divers et polémiques de village et même les rédigent. Ils y distillent tout
le venimeux esprit hérité des « Grands Ancêtres »
et conforme aux principes jacobins. La plupart
des instituteurs laïques forment le clergé officiel et apparent de l'Eglise-République et de
l'Etat-dieu, dont les F∴ M∴ constituent le
clergé secret ; souvent, les mêmes hommes
revêtent la double qualité, celle qui s'avoue et
celle qui se cache.

Essentiellement anticatholique, *La Dépêche
de Toulouse* soutient toujours la politique la

plus propre à préparer la ruine de l'Eglise ;
c'est ainsi qu'elle s'est successivement montrée
opportuniste, radicale, radicale-socialiste, mais
toujours ardemment irréligieuse et républicaine
démocrate. Quelques-uns de ses articles, dans
le cours du mois de septembre, m'ont livré ses
principales directives.

Ce « Journal de la Démocratie », comme il
s'intitule, se montre dépourvu de toute vue juste
lorsqu'il s'agit des intérêts français. Le paquebot
français *Lotus* ayant abordé, près des Darda-
nelles, un bateau turc dont le commandant ne
savait pas naviguer, le capitaine français est
arrêté à Constantinople, emprisonné et, ulté-
rieurement, mis en liberté provisoire moyen-
nant caution de 6.000 livres turques. Ce grossier
outrage, commis par les Turcs empressés à
mésuser de la liberté que leur vaut l'imprudente
suppression des Capitulations, ne provoque pas
les protestations de *La Dépêche*, qui se borne
à espérer que l'officier français « sera acquitté
par le tribunal » turc (1). Il est vrai que, deux
jours après, l'officier français étant condamné
par les Turcs à 80 jours de prison, *La Dépêche*
traite le jugement d' « inique », se déclare
« peinée », éprouve même quelque « irritation », affirme que « toute l'opinion française
sera à la fois stupéfaite et déçue » (2). Mais
elle n'incrimine ni notre politique d'abdication,

(1) 15 septembre 1926.
(2) 17 septembre 1926.

ni les principes qui l'inspirent. Elle reste, d'ailleurs, « persuadée, heureusement, que le tribunal de La Haye re 'oussera le point de vue turc et nous accordera... les justes satisfactions auxquelles le lieutenant Desmons et nous avons droit ». Ces « justes satisfactions » n'ont jamais été obtenues ; *La Dépêche* n'en a plus parlé ; l'opinion, oublieuse, n'en a gardé nul souci. La France reste une assistée que l'étranger méprise, une solliciteuse qu'il berne. Mais que penser d'une presse qui prêche ces sottises à une clientèle électorale qu'elle a systématiquement abêtie ? Et que penser d'un gouvernement qui accepte les camouflets de la barbarie turque et, incapable de se faire respecter et d'assurer la sécurité des Français, se contente d'un vague recours à un vague tribunal international, fantôme impuissant d'une justice perdue dans les nuages ? Notre roi Charles X savait tenir un autre langage et autrement agir. Son héritier est prêt à nous défendre. Et la race de Bourmont n'est pas éteinte !

Les pronostics de *La Dépêche* sur l'anarchie chinoise ont la même valeur. Le « Journal de la Démocratie » fait précéder un télégramme d'Extrême-Orient de ces titres en gros caractères : « Le Chaos chinois. Il peut durer encore cinq ans ». Pourquoi « cinq ans » ? Et pourquoi ne pas écrire que, le « chaos chinois », c'est le chaos républicain ? La Chine n'est tombée dans le « chaos » que depuis qu'elle est tombée en République.

Qu'advient-il de la France, qui a fait la même chute ? *La Dépêche* (1) déclare tout net, par la plume de Gaston Jèze, aux « porteurs de rentes » sur l'Etat républicain, que « leur ruine est un fait accompli. Tous les plans sérieux d'assainissement financier prennent comme point de départ la dévalorisation du franc. Cela signifie pratiquement que les rentiers doivent abandonner tout espoir de recevoir, dans l'avenir, des intérêts ayant la puissance d'achat de 1914 ». Gaston Jèze estime qu' « il n'est pas douteux non plus qu'aux élections nombre de candidats députés ou sénateurs, pour s'attirer des voix, inscriront dans leur programme la défense des droits sacrés des rentiers. Il en sera de cette promesse comme de bien d'autres. Elle ne sera pas tenue parce qu'elle ne pourra pas l'être... ». Jèze ne se fait aucune illusion sur le régime parlementaire. Mais il ne cesse pas pour cela de l'aimer.

Aulard attaque Mussolini et le fascisme : leur législation repose sur « le principe du droit de la force, la théorie de la violence » (ce n'était pas celle de ses amis les Jacobins ? ni des révoltés de 1830 ? ni des républicains de 1848 et du 4 septembre 1870 ?) et « n'est que l'organisation de la dictature d'un individu et de ses amis... La loi du 26 novembre 1925 sur les associations secrètes a amené la dissolution de la franc-maçonnerie, où il y avait un esprit de

(1) 25 septembre 1926.

libéralisme et de démocratie... ».Cette « dictature... a aboli toutes les libertés publiques » (1).
Aulard oublie qu'il n'y a de libertés que là où
règne la sécurité pour les personnes et pour les
biens : Mussolini a dû abolir certaines libertés
apparentes pour assurer, contre la dictature
révolutionnaire, les libertés réelles qui découlent
de cette double sécurité.

Dans son « Billet du jour », Jacques Bonhomme traite des « menaces de M. Mussolini ».
Après avoir déclaré flétrir l'attentat dont Mussolini vient d'être l'objet, Jacques Bonhomme
lui reproche de s'être écrié qu' « il faut en finir
avec certaines tolérances coupables et impies
d'au delà les frontières ! » visant ainsi la France
où l'attentat avait été préparé. Et Jacques
Bonhomme, menaçant à son tour, s'écrie :
« Il serait temps, dans l'intérêt même de la
paix, de nous souvenir de notre vieux proverbe :
Oignez vilain... » (2) Est-ce un appel à la guerre
sainte de la Démocratie contre la Dictature ?

Mais, en même temps, *La Dépêche* répand
sur ses lecteurs, à profusion, l'eau bénite de
la Société des Nations. L'entrée de l'Allemagne
dans l'aréopage génevois fait de Genève la
« capitale diplomatique de l'Europe » (3). Et
Georges Scelle épanche en deux colonnes l'optimisme que lui inspire « l'entrée de l'Allemagne

(1) *La Dépêche*, 16 septembre 1926.
(2) *Idem.*
(3) *Idem.*

à Genève » (1). Il est vrai que le Brésil s'est aussitôt retiré et l'Espagne abstenue : mais, par là, « ces deux puissances ont prouvé qu'elles mettaient leur orgueil et leurs ambitions au-dessus des intérêts de la paix. Elles n'ont pas l'esprit de la Société des Nations », dont l'Allemagne est possédée, elle qui — chacun le sait — a toujours tant aimé et aime tant la paix ! Aussi « l'on s'accorde... à reconnaître que cette double défection, pour regrettable qu'elle soit, ne compense pas par ses inconvénients le profit qu'apporte à la S. D. N. et à la pacification générale l'accession allemande. L'entrée du Reich marque, non seulement la mise en vigueur des accords de Locarno qui constituent de beau-coup ce qu'on a fait de plus pratique pour con-solider la sécurité européenne et les résultats de la guerre, mais encore le début d'une ère de réconciliation... ». Georges Scelle, *La Dé-pêche*, la République s'abandonnent délicieu-sement à un état d'euphorie où ils entraînent leurs lecteurs et la France entière. Son imagi-nation aidant, G. Scelle voit déjà se constituer « une sorte de triumvirat anglo-franco-alle-mand » qui, « si l'Allemagne adopte franche-ment, comme c'est son intérêt et celui de la paix, l'attitude de la coopération loyale », for-mera « à Genève une sorte de directoire euro-péen... qui... tendrait à une sorte d'unification et de stabilisation de la politique du continent...»

(1) 8 septembre 1926.

Perrette ne raisonne pas autrement, portant son pot au lait. Et voilà les gens qui gouvernent. Ils réussissent à persuader au troupeau électoral qu'ils ont trouvé le mouvement et la paix perpétuels.

Un article de Raoul Labry achemine tout doucement les lecteurs de *La Dépêche* à accepter, sous couleur de « coopération », le socialisme agraire, le collectivisme communal du *mir* russe : « Le *mir* est une excellente école d'entr'aide... Si... le moujik s'arrachait au *mir*, je considérerais cet isolement comme un danger... Je reste passionnément *narodnik* (1) : le *mir* me paraît une forme meilleure que la petite propriété. »

Avec quelques réserves de pure forme, Bertrand Nogaro amène ses lecteurs à sympathiser avec les communistes et à leur frayer la route par l'adoption des réformes dites démocratiques. Dans son article sur « La doctrine socialiste » (2), il commence par remarquer l'identité de doctrine des socialistes et des communistes ; les uns et les autres professent le collectivisme de Karl Marx qui « procède de cette observation simple que la source des inégalités économiques et sociales est dans l'appropriation privée du capital ». Avec les socialistes et les communistes, Nogaro de *La Dépêche* voit dans cette inégalité une iniquité. Pour la faire disparaître, il n'y a

(1) Socialiste.
(2) *La Dépêche*, 13 septembre 1926.

donc qu'à « faire disparaître l'appropriation privée du capital et attribuer le capital à la *collectivité*. A la collectivité nationale, s'entend », car, entre de petites collectivités propriétaires, l'inégalité réapparaîtrait. (Nogaro devrait donc dire : la collectivité internationale, car, entre collectivités nationales, l'inégalité réapparaîtrait également ; et il ne voit pas non plus qu'elle subsiste au sein de la collectivité entre les chefs de celle-ci et la multitude ployée sous le faix du travail ; ni surtout que la poursuite de l'égalité est une chimère et que l'égalité est l'injustice !) Nogaro reconnaît « entre les prémisses et la conclusion » du collectivisme « un lien logique... : le parti socialiste peut se flatter d'avoir un idéal de justice économique intégrale ». Il se demande seulement si cet idéal est « manifestement réalisable ». Les lecteurs de *La Dépêche* sont donc conduits à admettre l'exactitude des conclusions collectivistes — la raison et la justice leur paraissent les exiger — et à ne leur opposer qu'une objection passagère et fragile tirée de considérations d'opportunité. En effet, remarque Nogaro, le « problème délicat de la coordination générale des efforts productifs et de l'adaptation de la production aux besoins se résout de lui-même », dans le régime de la propriété privée, « par l'initiative spontanée de chaque *entreprise* ». Ce régime « comporte non seulement des injustices, mais des gaspillages dont la société, au total, fait les frais » ; mais, « tel qu'il est, *il fonctionne* !

Et il n'est pas évident *a priori* qu'il soit facile, ni même possible, de » lui « substituer... un système qui tendrait à régir administrativement toute la production. Car il ne faut pas se le dissimuler : le socialisme, pour réaliser son idéal de justice sociale, doit être intégral ». Aucune objection, donc, contre le collectivisme, sinon qu'il n'est peut-être pas, actuellement, intégralement possible. « Ainsi, la doctrine collectiviste, partie d'une constatation, en elle-même parfaitement exacte, en tire des déductions non moins logiques, mais pour aboutir finalement à un idéal de justice dont la réalisation reste dans le domaine de l'hypothèse. » Tout le problème revient à rechercher si le collectivisme est réalisable et comment. Nogaro propose de résoudre le problème en adoptant des réformes démocratiques. Le collectivisme étant la formule intégrale de la démocratie, les démocrates apparaissent comme les « opportunistes » d'une doctrine politique et sociale dont les communistes sont les « radicaux ». La réalisation collectiviste n'est plus qu'une question de temps. En l'absence de toute objection de principe, les esprits lui demeurent acquis ; présenté comme l'idéal de la justice, il leur apparaît désirable ; le parti démocratique leur permettra de s'en rapprocher progressivement.

Ces idées « démocratiques », la Franc-Maçonnerie les fera régner entre les nations comme à l'intérieur de chacune d'elles. Sous ce titre : « Un vœu de la Franc-Maçonnerie universelle »,

La Dépêche (1) publie un télégramme de Belgrade qui nous apprend qu' « à la séance de clôture du congrès de la Franc-Maçonnerie universelle, le vœu suivant a été adopté à l'unanimité : « Fidèle aux principes sociaux et moraux sur lesquels est fondée la Maçonnerie, l'assemblée souhaite que les idées de liberté et de démocratie, capables d'assurer la justice et le respect entre citoyens, deviennent la règle des relations internationales entre les peuples désormais émancipés... »

Les « idées de liberté et de démocratie », autrement dit les « principes sociaux et moraux » de la Maçonnerie, voilà ce dont il s'agit d'assurer le règne et, par là, le règne de la Maçonnerie sur les ruines du catholicisme. Ce que pense *La Dépêche* du catholicisme ? Dans un article de première page (2), « Le Temple rêvé », elle ironise sur les tendances catholiques actuelles de la jeunesse intellectuelle française et explique que bien des dieux peuvent prendre place dans le temple moderne : le rédacteur y fait l'apologie du Bâb persan et propose de le placer à la droite de Jésus. Et, quelques jours après (3), Camille Mauclair écrit : « Les chrétiens n'ont pas commencé par être autre chose que des juifs messianistes imbus de l'idéal d'un égalitarisme international, se dressant contre une société antique fondée sur la hiérarchie,

(1) 16 septembre 1926.
(2) 11 septembre 1926.
(3) 18 septembre 1926.

l'ordre, le droit et l'inégalité naturelle et nécessaire, et parvenant à disloquer cette société
vieillie en annonçant aux masses l'avènement
du principe d'égalité. De ce principe, nous voyons
les dernières conséquences considérées dans
l'acception la plus réaliste par le marxisme
dû à un juif et le communisme russe où les juifs
jouen un grand rôle, et ce sont là deux messia-
nismes transformés et adaptés. » Dans cette
interprétation, le christianisme est dépouillé
de son caractère transcendant et transformé en
doctrine humaine, terrestre, concernant l'organisation sociale matérielle, la répartition et
l'usage des biens de ce monde. L'Eglise est présentée comme une altération du christianisme :
devant l'invasion barbare, « elle ne manqua
pas d'être effrayée des conséquences de la doctrine d'égalité dans de telles foules incultes
et farouches » (Supposition absurde : ces foules
guerrières étaient étroitement disciplinées par
leurs chefs militaires). « C'est alors que, se
ralliant à l'ordre et au conservatisme romains
dont elle avait conquis la place, elle ne garda
le communisme chrétien primitif » (il n'avait
jamais existé que dans les premières commu-
nautés chrétiennes des saintes femmes et des
apôtres) « que pour ses couvents et eut le génie
d'immatérialiser l'idéal égalitaire, de le placer
au delà de la vie, dans le ciel futur » (il n'y a
là aucune égalité ; le mérite et la vertu déterminent l'inégalité des saints et les hiérarchisent,
comme sont hiérarchisés les anges), « de faire

espérer le royaume céleste afin de consoler les
prolétaires de la nécessaire inégalité terrestre...
Cette déviation, qui excluait de plus en plus
Jésus et le programme messianiste primitif,
souleva, bien entendu, d'immenses révoltes.
Tandis que l'Eglise condamnait comme héré-
tiques tous ceux qui contestaient la fabrication
des Evangiles..., on sait ce qu'il advint des mouvements de protestations confessionnelles mêlés
à la politique, des Vaudois et des Albigeois à
la Réforme... » *La Dépêche* reprend ici toutes
les thèses rationalistes, devenues doctrine officielle de la IIIe République : doctrine négative,
d'abord, qui, le terrain une fois déblayé de deux
mille ans de christianisme, a fait place à la doctrine officielle positive de la divinisation des
forces naturelles et des instincts, véritable résur-
rection du paganisme intégral. Cette conception
philosophique, religieuse et morale, du monde
et de l'homme rejoint la doctrine démocratique
communiste qui divinise la Société et l'Etat.

On comprend que la large diffusion donnée
par la *Dépêche de Toulouse* à ces doctrines et
son appui apporté à la politique qui en poursuit
le triomphe aient amené les évêques du Midi à en
interdire la lecture. Mais elle n'en est pas moins
lue par la multitude et continue de régner en
maître. Puissamment soutenue par les forces
occultes et par le gouvernement, abondamment
pourvue d'argent, recevant de première main
toutes les nouvelles, favorisée par son rapide
transport, elle règle l'opinion. Nous avons signalé

l'inutile tentative de lui faire concurrence en
lui opposant *Le Télégramme* de Toulouse, « journal démocratique », lui aussi. *La Dépêche* n'est-
elle pas l'organe authentique et tout-puissant
de la doctrine régnante et du parti qui l'incarne ?
Le Télégramme a beau tenter de la démarquer :
il n'enlève pas un lecteur à *La Dépêche* et jette
dans son sillage, accroche à sa remorque, incline à ses principes, fixe dans sa politique, tous
les chrétiens qu'il pénètre d'idées semblables,
d'aspirations analogues, des mêmes tendances.
Une fois de plus, la tactique de Gribouille a
assuré le désastre.

L'Œuvre se vend un peu à Decazeville. Un de
ses numéros (1) porte en manchette : « M. Poincaré expose à Bar-le-Duc la politique générale
du gouvernement ». A côté du titre du journal,
on pouvait lire, en gros caractères, cette phrase
extraite du discours de Poincaré : « Les citoyens,
pris collectivement, demandent des économies,
mais chacun d'eux, individuellement, désire
qu'elles portent sur le voisin. » Poincaré n'ajoute
pas, ni *L'Œuvre*, que le régime parlementaire
et républicain est le mieux fait pour ne pas répondre à la demande et pour donner au désir
toute satisfaction. *L'Œuvre* tient même pour
si excellent ce régime qu'elle ne rêve que de
l'étendre à tout l'univers où il ne pourrait manquer de faire régner, aussi bien qu'à l'intérieur de
chaque Etat, l'ordre, la prospérité et la paix.

(1) 28 septembre 1926.

Aussi applaudit-elle sans se lasser à l'entreprise de la Société des Nations dont elle attend la fin des guerres. Elle estime qu' « on ne saurait mieux poser le problème que M. Paul-Boncour l'a fait dimanche » : la paix, c'est « la solution des conflits... par l'arbitrage généralisé. Le recours à l'arbitrage doit permettre la limitation des armements et, à la limite idéale, le désarmement » (1). L'arbitre permanent serait, comme de juste, le Parlement international de la Société des Nations. — Comme si les Grecs n'avaient pas connu et appliqué ce remède qui fut inefficace jusqu'au jour où Philippe de Macédoine vint enfin mettre tout le monde d'accord et imposer la paix !

Interrogeons maintenant l'organe officiel de la pure doctrine socialiste.

L'Humanité poursuit avec un redoublement d'énergie sa campagne révolutionnaire. « L'expérience russe est un moment décisif de l'histoire du monde, déclare un ouvrier chrétien allemand, délégué à Moscou, Willy Hammelrath, membre d'un syndicat chrétien », qui « publie dans l'organe central du parti chrétien social... ses premières impressions de voyage. » Voilà « la vérité sur l'U. R. S. S. » (2). Chaque jour, *L'Humanité* consacre, sur ses six pages, une page, la quatrième, à l'apologie du bolchevisme russe. Ainsi, elle publie (3) des vues

(1) *L'Œuvre*, 20 mars 1928.
(2) *L'Humanité*, 5 septembre 1926.
(3) *L'Humanité*, 7 septembre 1926.

d'usines de « la région industrielle de Ivanovo-Voznessenk », un article sur « Les récentes réalisations du cinéma en U. R. S. S. », « Le plan d'électrification de l'U. R. S. S. », « L'essor considérable de l'agriculture », « L'exportation des céréales », « L'exportation industrielle », etc. L'exploitation du bassin du Donetz fait des progrès. Ces développements de l'agriculture et de l'industrie, la création de sanatoria pour les ouvriers, les soins donnés à l'hygiène ont même pour conséquence l'augmentation de la population (1). Le lecteur est donc porté à croire à une vie de production nationale et d'activité économique intense, impression que renforce la lecture d'une longue « Lettre d'un paysan russe à *L'Humanité* : ... Je suis un paysan activiste et je m'occupe du travail social dans notre canton... Bientôt, tous les paysans de l'U. R. S. S. sauront lire et écrire... Actuellement ... la terre est cultivée collectivement. C'est ainsi que les paysans de notre village se sont associés pour planter ensemble des choux... » Tableau touchant et séducteur ! Combien plus encore celui que trace George Lansbury, député du Labour Party, « socialiste honnête » (2), enthousiasmé par le spectacle de la Russie bolchevisée. Il se déclare « extrêmement étonné des changements extraordinaires survenus ici depuis 1920... A en juger d'après l'allure actuelle

(1) *L'Humanité*, 23 août 1927.
(2) *L'Humanité*, 13 septembre 1926.

de développement, les peuples de l'Union sovié-
tiste appartiendront sous peu aux nations les
plus saines du monde entier... Toute nation
qui suivra votre chemin », écrit-il aux Soviets,
« deviendra un grand peuple... On respire ici
une atmosphère libre comme nulle part ailleurs.
Les magistrats, les tribunaux, les assesseurs,
les éléments les plus en vue de la justice, tous
portent le sceau de la démocratie... ». Même
dans la prison Boutyrki, que le terrorisme a
rendue si douloureusement célèbre, Lansbury
estime que « l'atmosphère est devenue également beaucoup plus libre... ».

Comme aucun lecteur de *L'Humanité* n'est
capable de mesurer le degré d'insanité que
révèlent ces appréciations du député socialiste
anglais Lansbury, le journal officiel des Unitaires ne manque pas d'opposer à ces descrip-
tions idylliques le sombre tableau des désordres qui portent le deuil et la souffrance dans
les pays « bourgeois » ou ravagés par la politique « bourgeoise ». On y dénonce « l'impérialisme à l'œuvre : des négociations secrètes se
poursuivent entre les puissances en vue d'une
intervention en Chine... ; 5.000 chinois... auraient été tués ou blessés par les obus anglais » (1).
On ne parle pas des Européens tués ou blessés
par l'agression préalable et injuste des révolutionnaires chinois, ni de l'anarchie entretenue
en Chine par la République russe des Soviets.

(1) *L'Humanité*, 15 septembre 1926.

L'Humanité affirme — ce qui est faux — que, dans le Rif, « de Tétouan à Chechaouene, les Espagnols sont en déroute, » et, comme un plébiscite a presque unanimement approuvé l'œuvre de Primo de Rivera, le journal communiste imprime que, « malgré l'escroquerie de trois millions de voix, Primo n'a pas raffermi son prestige ». Quelques jours auparavant (1), *L'Humanité*, semant à pleines mains le mensonge, imprimait en grands caractères : « L'Espagne en état de siège. La dictature sanglante de Primo touche-t-elle à sa fin ? L'armée est en pleine révolte... La marine appuie l'artillerie... » Le naïf lecteur devait croire la Révolution déchaînée et presque triomphante. Le même jour, le journal unitaire dénonce « les atrocités de la réaction polonaise ». Un bolchevik roumain est-il mis à mort en expiation de ses attentats criminels ? *L'Humanité* écrit un article pompeux (2) sur « un Matteotti roumain : Pavel Tkatchenko, révolutionnaire et martyr ». Un communiste yougo-slave, Vouiovitch, ne sera pas condamné à cinq ans de prison sans qu'il soit écrit que « des révélations écrasantes ont été faites sur les tortures qu'il a subies » ; « la réaction blanche » sévit, « la terreur » règne « dans les Balkans » ; « cette condamnation est un acte incroyable de provocation du gouvernement yougo-slave » (3).

(1) 7 septembre 1926.
(2) 13 septembre 1926.
(3) 20 mars 1928.

Mais n'est-ce pas par la terreur que les Etats de l'Europe maintiennent leurs colonies sous le joug ? Et *L'Humanité* de crier : « Peuples coloniaux, révoltez-vous ! L'Indo-Chine revendique son indépendance totale et immédiate » (1).

Le journal bolchevik français n'a plus de peine à entraîner son lecteur à reprendre en France l'œuvre ajournée de la Révolution française, en y réalisant l'œuvre accomplie de la Révolution russe. Il évoque (2) la date du 25 septembre 1792, jour où, « à la Convention, Marat justifie la dictature du prolétariat ». Consacrant toute une page à la biographie et à l'éloge — écrit par Rappoport — du socialiste Lafargue, gendre de Karl Marx, *L'Humanité* (3) cite un extrait du livre de Lafargue, intitulé *Le droit à la paresse* : « ... Pour qu'il parvienne à la conscience de sa force, il faut que le Prolétariat foule aux pieds les préjugés de la morale chrétienne, économique, libre-penseuse ; il faut qu'il retourne à ses instincts naturels, qu'il proclame les *Droits de la paresse*, mille et mille fois plus nobles et plus sacrés que les phtisiques *Droits de l'homme*..., qu'il se contraigne à ne travailler que trois heures par jour, à fainéanter et bombancer le reste de la journée et de la nuit ». C'est, toujours vivace, l'idée des « philosophes » du XVIIIe siècle sur le sauvage vertueux, libre et heureux, l'idée de J.-J. Rousseau sur la bonté

(1) 20 septembre 1926.
(2) 25 septembre 1926.
(3) 5 septembre 1926.

originelle de l'homme et l'excellence de l'état de
nature perpétué par l'état de sauvagerie. C'est
la notion enfantine et absurde de la « bombance »
dont pourraient s'éjouir les hommes qui, exerçant leur « droit à la paresse », ne travailleraient
plus que « trois heures par jour ». Le socialisme
est tout entier contenu dans ces formules. Le
socialisme est un régime de dissipation, de ruine
et de misère.

Les communistes, sentant très bien la vivacité et l'irréductibilité du désir de propriété
privée chez les paysans, se présentent à eux, en
France ainsi qu'ils l'ont fait en Russie, comme
les défenseurs de la petite propriété : ils la
montrent combattue par « l'oligarchie capitaliste » ; ils dénoncent les manœuvres du « capitalisme contre la propriété » ; ils dépeignent « la
famille paysanne menacée » ; ils concluent
que « c'est seulement par une alliance étroite
et solide entre la classe paysanne et la classe
ouvrière que pourront être vaincus et le trust
et la bourgeoisie féodale » (1). On surprend ici
la puissance d'hypocrisie des hommes qui se
proposent de nationaliser intégralement toutes
les formes de la richesse. C'est en se présentant
comme les apôtres de la petite propriété paysanne, en éveillant les convoitises des fermiers
et métayers contre les propriétaires et des
ouvriers agricoles contre les métayers et fermiers que les communistes ont réussi à s'im-

(1) *L'Humanité*, 25 septembre 1926.

planter dans les campagnes, par exemple, du Roussillon et des Landes, recruter et organiser des partisans dans les régions rurales du Centre et même, à la faveur d'un démocratisme maquillé de christianisme verbal, s'insinuer parmi les populations paysannes de Bretagne et de Vendée, préparer ainsi, au printemps électoral de 1928, les éléments d'une clientèle de souverains de l'urne dont il suffira désormais du cultiver l'aigreur envieuse pour en accroître le nombre.

L'Humanité approuve l'arrestation, l'incarcération et la condamnation du lieutenant de marine Desmons, des Messageries maritimes, par les Turcs. Les protestations des journaux français « auront du moins l'avantage de montrer à la République d'Angora le vrai visage de l'impérialisme européen » (1).

A propos des poursuites intentées pour sédition contre des marins de l'Etat, *L'Humanité* définit « les révoltes de la Marine, réaction de classe des ouvriers du bord ; les marins rouges luttent contre un statut qui n'a pas été modifié depuis l'Empire » (2). Il conviendrait de soviétiser la marine de guerre !

Toute amélioration apportée à la condition des ouvriers est dénoncée comme leur causant le préjudice immense de retarder ou de rendre inutile la Révolution : c'est ainsi que les syndi-

(1) 17 septembre 1926.
(2) *Idem.*

cats unitaires de la région nantaise s'élèvent
contre « les méthodes réformistes employées
à l'usine de Trignac » (1), que le sursalaire
est traité de « moyen de lutte du consortium
textile contre la classe ouvrière » (2). Les allocations familiales du *Consortium* (3) et, d'une
façon générale, le système des caisses de com-
pensation patronale (4) sont dénoncés comme
« une atteinte au droit de grève » et « une organisation de lutte contre la classe ouvrière ». Une
caricature de *L'Humanité* (5) montre Poincaré
et Herriot qui, d'une tranchée creusée devant un
coffre-fort, braquent leurs escopettes sur l'ennemi. La légende porte ces mots : « La chasse
est ouverte. A l'affût de la classe ouvrière ! »
Quelle erreur ! Ces deux hommes préparent les
voies au bolchevisme. Mais *L'Humanité* trouve
qu'ils ne les lui ouvrent pas assez promptement.
Aussi entame-t-elle une vigoureuse campagne
en faveur du programme soviétique. Elle crie :
« Au travail pour la création d'un Parti communiste des masses ! » Elle proclame la lutte
révolutionnaire pour le « Gouvernement Ouvrier et Paysan, pour la Dictature du Prolétariat ». Les « mots d'ordre essentiels » sont :
« Conquête des grosses entreprises et création
d'un Parti communiste de masses » (6). Et voici

(1) 16 septembre 1926.
(2) 1er septembre 1926.
(3) 23 août 1927.
(4) 31 août 1927.
(5) 14 septembre 1926.
(6) 12 septembre 1926.

que « le Parti communiste entre en campagne »,
une « campagne d'agitation du Parti », consis-
tant en une tournée de conférences dans tout
le pays, dont le programme, pour la « Première
semaine », porte inscrites les villes de Besançon,
Dijon, Charleville, Maubeuge, Saint-Ouen, Nan-
cy, Auchel et Troyes (1). Cette « campagne
d'agitation du Parti » conduit le pays « Vers
le gouvernement ouvrier et paysan » : « Au
cours de nos meetings, nous indiquerons aux
travailleurs et le but et le chemin : la lutte
pour l'augmentation des salaires, pour l'échelle
mobile, pour le maintien des huit heures, la
lutte contre la taxe civique et les impôts Poincaré, la dissolution de la Chambre qui a trahi
les masses ouvrières, constituent autant d'é-
tapes sur le chemin par lequel le prolétariat
se dirige vers le gouvernement ouvrier et paysan » (2). Cette « campagne d'agitation du
Parti communiste » avait eu comme prélude
la fête communiste de Meudon où étaient accou-
rues, d'après la Préfecture de police, 30.000 personnes (hommes, femmes, enfants), etc., d'après
L'Humanité, 60.000 (3). La « grande campagne
du Parti communiste, du 15 septembre au 15 octobre », tend à montrer à « tous les travailleurs » qu' « il faut choisir » entre la « stabilisation aux frais des pauvres : impôts sur les
pauvres, suppression des huit heures, bas sa-

(1) 11 septembre 1926.
(2) 14 septembre 1926.
(3) 7 septembre 1926.

laires, chômage, 400 milliards à payer aux capitalistes anglo-saxons, grande pénitence imposée aux travailleurs par l'union sacrée des partis bourgeois », et la « stabilisation aux frais du gros capital : rajustement des salaires et échelle mobile, les huit heures, abolition des impôts Poincaré, lourds impôts directs frappant la fortune ; puis, nationalisation des banques et des monopoles de fait, monopole du commerce extérieur, contrôle ouvrier, conscription des grosses fortunes, grande pénitence imposée aux capitalistes par les travailleurs unis dans la lutte » (1). Pas un seul des lecteurs de ce programme n'est capable de discerner que la « stabilisation aux frais du gros capital » se ferait aux frais de tous les citoyens possédants ou non, gros, moyens, petits, bourgeois, patrons, commerçants, paysans et ouvriers, et les ruinerait infailliblement, à fond, tous, comme le sont les Russes bolchevisés. Mais, poursuivant sans entrave son effroyable campagne de désorganisation de la nation française, *L'Humanité* (2) publie cette convocation : « Ouvrières, intellectuelles, employées, ménagères, vous devez savoir ce qu'a fait pour la femme et l'enfant la Russie révolutionnaire : Mme Gosset vous le dira ce soir aux Sociétés savantes, rue Danton, Paris (VIe). Participation aux frais : 0 fr. 50 ». — Nous savons très bien ce que la Russie révo-

(1) 15 septembre 1926.
(2) 22 septembre 1926.

lutionnaire a fait des femmes et des enfants : des femmes publiques et de jeunes animaux lubriques et cruels. Mais ce n'est certainement pas ce qu'ont appris les auditeurs de Mme Gosset.

Le 18 septembre, le « Comité national unitaire » a terminé ses travaux : il a étudié « le problème de la main-d'œuvre étrangère et coloniale, la stratégie des grèves et la réorganisation confédérale » et « tracé pour tous les militants des directives précises pour la préparation de la Journée nationale du 7 novembre », qui permettra « une réelle mobilisation de masse » (1). Cette mobilisation en vue d'une journée de grève sera suivie, en août et septembre 1927, du travail plus inquiétant de mobilisation des forces communistes en vue des grandes manœuvres préparatoires à la guerre sociale (2).

Surprenons sur le fait l'activité déployée par la III⁰ République pour mener à son terme la vaste entreprise de déchristianisation qu'elle poursuit. Des affiches annoncent pour la fin de septembre l'inauguration solennelle, aux Estaques Saint-Roch, faubourg de Decazeville, d'un groupe scolaire qui a reçu le nom de Laromiguière : discours officiels, banquet populaire, jeux, concert, bal et feu d'artifice, tel est le programme de la fête. Le discours est prononcé

(1) 19 septembre 1926.
(2) Voir *Sous la griffe de Moscou* (pour paraître prochainement).

par un prêtre défroqué et marié, originaire
d'une commune voisine et professeur dans une
Faculté de l'Etat. Il y fait l'éloge de la Révolution française et de Laromiguière, qu'il loue
d'avoir abandonné le sacerdoce et l'Eglise comme
Talleyrand, Sieyès et tant d'autres. La céré-
monie est présidée par Borel, protestant, professeur en Sorbonne, membre de l'Institut et
ancien ministre. Borel vante l'école laïque et
unique ; puis, remerciant l'orateur, il termine
son allocution par ces mots : « Je souhaite que
beaucoup d'enfants du pays suivent l'exemple
de Laromiguière et le vôtre. » *La Dépêche* (1)
donne un copieux compte rendu de « cette
inoubliable journée ». *Le Télégramme* (2), journal catholique démocrate, en donne un récit
sympathique où il dissimule tout ce que cette
fête a d'attristant, de choquant et de scandaleux
pour des âmes croyantes et pour des Français ;
le rédacteur remercie le Comité de la « cour-
toise invitation » qu'il en a reçue et qui lui a
« permis d'assister à cette manifestation... Le
programme fut exécuté à la satisfaction générale. Un des meilleurs numéros consista en la
conférence de M. A..... qui sut camper devant
son auditoire un Laromiguière intensément
vivant... ». Les personnalités officielles qui por-
tèrent les toasts « firent la conquête de leur
auditoire... ». Le rédacteur termine en deman-

(1) 28 et 29 septembre 1926.
(2) 30 septembre 1926.

dant « qu'il » lui « soit permis... de remercier...
l'éminent président du Comité d'organisation
pour tous les égards qu'il a bien voulu montrer
aux représentants de la presse ». Rien n'a choqué
ce catholique démocrate ; tout lui a paru digne
d'éloge et il en persuade ses lecteurs ; il ne se
sent pas d'aise d'être admis à prendre place
parmi tant de hauts personnages gouvernemen-
taux ; il fond en remerciements émus, saluts
et révérences — après en avoir demandé la
permission. Cet article sympathique aux pires
ennemis de l'Eglise ayant suscité de vives cri-
tiques, l'auteur a répondu, pour s'excuser :
« J'étais invité ». Allons ! les droits et libertés
des catholiques et leurs croyances religieuses
sont, en vérité, bien défendus par *Le Télégramme*, « journal catholique démocrate ! » Mais
le Capitole n'a-t-il pas été sauvé par des oies ?

Faisons un peu le bilan de ces manœuvres
de haute stratégie : « Il est essentiel de dire un
mot de l'opération de 1893, sans laquelle le
Rouergue serait encore, dans son ensemble,
un fief de la droite : je veux parler du ralliement et de l'œuvre du cardinal Bourret... »
En voici le résultat : « Les candidats de droite,
maîtres de l'Aveyron de tout temps et qui,
même à Millau, balançaient la majorité de
gauche, obtinrent, en 1889, 52.000 voix ; en
1893, ils étaient, après l'intervention du cardinal, tombés à 19.000... » (1). Les catholiques

(1) Article de Trygée, « Les forces politiques de la
France, l'Aveyron », dans *L'Opinion*, 1er janvier 1927.

royalistes et républicains, unis sur un programme neutre, incolore, aux républicains indifférents en matière religieuse, réussirent, dans les circonstances exceptionnellement favorables du lendemain de la guerre, en 1919, à grouper, sous la dénomination de « Bloc national », 40.000 voix ; les radicaux et socialistes en obtinrent 35.000. Mais, en 1924, les premiers ayant réuni 41.600 voix, les autres en récoltèrent 41.560 (1), témoignant de l'énorme progrès qu'avaient fait leurs idées inspirées par une doctrine cohérente, exprimées par un programme positif, par des revendications précises, soutenues par un parti homogène, quelles que fussent les divergences apparentes ou superficielles dues aux nuances diverses de ses éléments.

Deux salariés de Decazeville, catholiques intelligents et énergiques, émus de l'effondrement de l'ordre social, catholique et français, ont pris, ces toutes dernières années, l'audacieuse initiative de travailler à la propagation, parmi leurs camarades, de la vérité religieuse, politique et économique, et de préparer ainsi la restauration de la France traditionnelle — catholique, royale et corporative. Les fortes institutions qui avaient fait sa grandeur et déterminé son progrès leur paraissaient seules capables de protéger son existence, de défendre son indépendance, de lui restituer sa force et d'assurer son développement. Pleins de courage, ils se

(1) Trygée, « Les forces politiques de la France, l'Aveyron », dans *L'Opinion*, 1ᵉʳ janvier 1927.

rendaient aux réunions socialistes : l'un y prenait la parole et l'autre l'applaudissait. Ce fut
le commencement. Le grain semé leva. Ils sont
maintenant tout un groupe d'ouvriers, hommes
jeunes et jeunes gens, auxquels se sont joints
des employés ; dévoués, pleins d'ardeur, ils se
cotisent pour couvrir les frais de leur propagande. « Il nous manque, nous dit l'un d'eux,
un chef assez libre de sa personne, de son temps
et de ses mouvements, pour s'en occuper avec
une grande activité. » Cette indépendance suppose la fortune, qui apparaît ainsi comme indispensable à la constitution des cadres sociaux
pour peu qu'elle reste mise au service de l'intelligence cultivée et du dévouement. Aussi
bien l'Etat démocratique, qui est le Despotisme
de la collectivité, travaille-t-il tenacement à
ruiner moralement et matériellement les citoyens afin que, n'ayant pas d'autres cadres
sociaux que les siens, constitués par des gens
que la Finance internationale soudoie et par
des fonctionnaires qu'il tient à merci, toute
la population lui soit asservie à jamais.

Ces ouvriers royalistes ont admirablement
compris la doctrine sociale corporative, la seule
que la science sociale puisse admettre, celle que
l'Eglise envisage avec faveur. Ils en attendent
le salut de la classe ouvrière. Par la sûreté
de leur jugement, la précision de leurs idées,
le réalisme de leur programme, ils échappent
au flottement, à l'indécision et surtout aux
funestes tendances, socialistes et antinationales,

de groupements sur lesquels certains bourgeois, imbus d'idéalisme jacobin et de. rhétorique socialo-électorale, exercent une tutelle dangereuse, qui risque de les faire dévier et même jusqu'à se perdre chez l'ennemi. Il n'est rien de pire que des esprits faux, verbeux, chiméristes, ignorants ou aveugles. Les révolutionnaires trouvent en eux de précieux alliés. Il ne faudrait cependant pas que la dure leçon que dégage l'aventure du « Parti populaire italien » (1), parti des démocrates chrétiens transalpins, fût perdue, quelque soin qu'on ait pris de faire sur elle un rigoureux silence. On surprend les « Populaires » au début même de la Révolution bolchevique où l'Italie eût péri sans la réaction mussolinienne dont le succès a été rendu possible par la constitution monarchique et l'appui royal. La Révolution commença par une jacquerie (2) : en Lombardie et Vénétie, pays où la petite et la moyenne propriété sont cependant très répandues, les paysans du Parti populaire se soulevèrent et, par bandes armées, curés en tête, saccagèrent les domaines bourgeois, pillant et brûlant les villas, et se partagèrent les terres. C'est cette insurrection socialiste agraire qui déclancha la révolte ouvrière des villes industrielles, la prise et l'occupation à main armée des usines et les massacres ou supplices

(1) Fondé par l'abbé Murri, qui défroqua, et dirigé ensuite par l'abbé Sturzo.
(2) Voir *La crise sociale en Italie*, par Henri Joly (chez Perrin).

sauvages de patrons et d'ingénieurs dont plusieurs furent jetés vivants dans les fours chauffés à blanc ou dans les foyers des machines. Ces faits ne sauraient être trop divulgués, à l'heure surtout où certains entreprennent de fonder en France un « Parti populaire » qui serait l'équivalent de l'ancien « Parti populaire italien » : ces démocrates chrétiens travaillent pour une Révolution sociale qui, contre leur attente, sera fatalement antichrétienne. Mais nous constatons aussi qu'à Decazeville, à Romans, comme d'ailleurs dans toute la France, de la multitude ouvrière française gagnée à des degrés divers à l'utopie criminelle du socialisme, surgissent des hommes intelligents et courageux, catholiques et royalistes, décidés à barrer la route à ces folies et à lutter pour l'établissement d'un ordre social chrétien et français.

§ 5. — *Etat religieux.*

Je portais à la chambre que je venais de louer une valise dont le poids me tendait visiblement le bras. Une vieille femme, qui poussait une brouette vide, m'interpelle aimablement : « Ne vous fatiguez donc pas comme ça ! Posez votre valise là-dessus... ça ira tout seul ! » Pour lui épargner cette peine, je la remercie de sa complaisance ; mais, comme elle semble contrariée de mon refus, j'accepte son offre et elle se détourne un peu de son chemin pour pousser mon fardeau jusqu'à destination, heureuse de m'avoir aidé. Les pauvres gens sont charitables. Et de combien d'autres vertus leur cœur n'est-il pas enrichi ! L'homme est porté au bien et au mal. Toutes les forces sociales devraient conspirer au développement de ses heureuses tendances et à la répression de ses fâcheux penchants. Mais notre organisation sociale et la puissance de l'Etat sont tournées à l'effet inverse, qu'elles obtiennent. Un exemple : un ouvrier de Decazeville offre en location une chambre de sa maison ; une Espagnole se présente ; la femme de l'ouvrier l'interroge : « Combien avez-vous d'enfants ? — Je n'en ai que quatre. Si vous voulez, je vous donnerai cinq francs de plus par mois. — Oh ! fait la femme... c'est que mon mari a peut-être bien loué... Revenez donc un autre jour... — Ah ! s'écrie l'Espagnole en s'éloignant, c'est à cause de mes enfants... » Elle avait dû essuyer, pour ce motif, d'autres refus. Il n'y a pas que des propriétaires bourgeois qui n'acceptent pas de louer aux nombreuses familles.

Le Viatique est encore porté publiquement par le prêtre en costume de chœur, précédé d'un enfant avec une lanterne. Presque tous les ouvriers le saluent. Un vieux fonds chrétien persiste donc dans un repli d'eux-mêmes et se trahit par un geste. Mais le respect humain agit : les saluts sont plus nombreux le matin que le soir, parce que, les rues étant presque désertes, celui qui salue craint moins d'être vu.

La municipalité n'a interdit ni le port ostensible du Viatique ni les processions pour ne pas heurter de front des habitudes chrétiennes encore vivaces ; elle attend que cette tradition s'affaiblisse et se perde sous l'influence sans cesse fortifiée de l'école laïque et de la politique générale du gouvernement. On surprend dans ce détail la patience et la souplesse habiles avec lesquelles procèdent les sectaires au pouvoir : la Maç.·. élabore et leur dicte méthode et programme et règle adroitement tous leurs mouvements. Il serait donc absolument illusoire de s'imaginer qu'on pourrait se dégager de cet enlizement progressif sans détruire la cause du mal, qui est une certaine doctrine philosophique, morale et religieuse, dont les institutions politiques facilitent la diffusion : elles offrent, en effet, le moyen le plus sûr de tromper la population, de la maîtriser et de la conduire, à son insu, à des buts qu'elle aurait rejetés d'emblée si elle les avait d'abord connus, mais dont on réussit à lui faire admettre peu à peu la justesse, l'excellence, la nécessité. La loi du Nombre joue — la loi du Nombre trompé, manœuvré et divinisé.

Pour lutter contre l'ennemi, les catholiques entretiennent une école maternelle, une école de garçons et une école de filles, qui comptent environ 500 enfants — petite minorité dans l'ensemble de la population infantile de Decazeville. Cette clientèle des écoles libres tend à se réduire et, d'une année à l'autre, on constate une diminution du nombre des enfants de la première communion. Les jeunes gens restés fidèles à la pratique religieuse sont groupés en un cercle d'études paroissial : une quarantaine y sont inscrits, dont les deux tiers des ouvriers, et le surplus, des employés ; une vingtaine sont présents à chaque séance. Cette poignée de croyants semble une poussière dans l'espace : et c'est elle, cependant, qui, au jour marqué par Dieu, l'y fera régner. Leur foi est vivante, parfois jusqu'à l'héroïsme : plus d'un a souffert pour elle les persécutions d'atelier. Mais on voit à quel point, malgré la fidélité religieuse des campagnes environnantes, les croyances et les mœurs, dans la ville industrielle, se perdent : les causes en sont politiques et économiques.

Le cercle d'études des jeunes catholiques de la paroisse se tient chaque mercredi : deux ou trois des présents comptent de vingt à vingt-cinq ans ; les autres, de quinze à vingt ; tous ont des physionomies intelligentes, éclairées par des regards attentifs. Un jeune ouvrier lit le procès-verbal de la dernière séance, qu'il a rédigé sur les notes qu'il avait prises : le tour en est d'un excellent français, correct et même élégant ; la phrase est souple et rend fort bien la physionomie de la séance. Le vicaire expose en quelques mots le devoir pour chacun de vivre conformément à l'idéal chrétien. Une discussion s'ouvre sur ce sujet et je suis frappé de la facilité d'élocution de ces jeunes gens ainsi que de la précision de leur pensée ; l'un d'eux demande en quoi consiste exactement cet idéal, comment il se construit et se formule ; les objections, demandes d'explication, réponses dénotent chez tous ceux qui interviennent dans le débat un esprit clair, précis, positif. Lorsque la réponse à l'objection les a convaincus, ils le déclarent avec la même franchise et la même simplicité qui avaient inspiré l'objection. On sent en eux tous les dons d'une forte race. On est heureux de constater chez ces jeunes gens de formation élémentaire et de condition si modeste les plus excellentes qualités dont s'enrichit l'activité de ce cercle si vivant : ils y apportent, au soir d'une journée de travail manuel et de fatigue physique, une collaboration éclairée. Presque tous sont royalistes : ils voient dans la restauration de la Monarchie traditionnelle le plus sûr moyen, pour l'Eglise, l'Etat, les citoyens, de recouvrer les droits et libertés perdus et de restaurer, à la fois, l'ordre profane et l'ordre chrétien, détruits depuis plus d'un siècle par les doctrines jacobine et libre-penseuse ; ils entendent que la force soit mise au service de la justice, que l'esclavage, que constitue la soumission à la Volonté générale d'un Parlement dont la souveraineté ne connaît aucune limite à son caprice, tenu pour règle du Bien, du Juste et du Vrai, soit enfin brisé et, du coup, rejetées ces institutions et lois anticatholiques et antihumaines de la République païenne.

Néanmoins les pressions exercées sur leurs
esprits par le milieu où ils vivent y mettent
parfois en péril les vérités religieuses, jettent
le doute sur les principes moraux ou sociaux
essentiels. J'entends l'un d'eux lire une étude
sur l'idée de patrie ; un autre, un travail sur
l'Eglise et la poésie. La lecture en est faite
d'un ton vivant, nuancé suivant le sens du
texte ; les phrases sont précises et bien construites ; les idées, correctement reposées ; il n'y
a ni développement inutile, ni vaine rhétorique ;
la pensée est nette, bien frappée ; l'exposé,
agréable, offre quelques raccourcis présentés
en formules heureuses. Ces qualités naturelles,
à la fois solides et brillantes, ne doivent pas
surprendre : nous sommes dans le Midi aux
races si richement douées, assimilatrices et
souples, naturellement portées à la littérature
et aux arts. Mais, sa lecture achevée, le rappor-
teur de l'étude sur l'idée de patrie se retourne
aussitôt contre la thèse qu'il vient d'exposer :
« Après tout, je ne vois pas pourquoi on se fait
tuer pour sa patrie ! » s'exclame-t-il brusquement.
C'est comme un cri parti du cœur. En étudiant
l'idée de patrie dans l'auteur qu'il a analysé,
il lui a soumis sa pensée, mais pour être ensuite
repris soudain par la thèse contraire qu'il entend soutenir autour de lui à toute heure du
jour. Les explications qui lui sont alors données
par le président du cercle semblent le satisfaire.
Mais on sent qu'il est divisé, qu'il reste dans
un état instable et que les courants contraires

au milieu desquels il vit se le disputent. Le rapport sur l'Eglise et la poésie suscite quelques objections courantes contre les récits bibliques, qui ont été très évidemment puisées dans les conversations de la ville et de l'atelier. Ces diverses objections prouvent à quel point les idées ambiantes, jaillies de toutes les sources auxquelles l'opinion s'abreuve, cernent ces jeunes gens tout le long du jour, les assiègent sans relâche, les assaillent sans répit, pénètrent même plusieurs d'entre eux, et, à leur insu, les meuvent. Jetés, adolescents, comme en pâture, au monde extérieur, à l'usine et à la place publique, ils vivent au milieu d'adultes qui deviennent leurs éducateurs-déformateurs de tous les instants. Ce cercle d'études est un terrain de lutte contre les idées malfaisantes qui dominent une société en proie à tous les ferments de dissolution.

Quel est l'état de la pratique religieuse ? Essayons de le mesurer d'après l'assistance à la messe dominicale.

A la paroisse Notre-Dame, on estime que, sur 11.000 paroissiens, 4.500 paraissent à l'église, à la messe, les jours de Noël et de Pâques.

Mais, ce qu'il faut considérer, c'est l'assistance à la messe un dimanche ordinaire. Cinq messes sont célébrées : à 6 h., 7 h., 9 h., 10 h. ½ (grand'-messe) et 11 h. ½. L'assistance, comme on peut s'y attendre dans cette ville d'ouvriers, d'employés et de petits boutiquiers, est surtout populaire et pauvre ; on y remarque un contingent assez élevé d'hommes, qui sont en très grand nombre des ouvriers. Tous les fidèles se montrent fort recueillis ; il n'y a pas beaucoup de retardataires ; très rares sont ceux qui partent avant la fin de l'office ; dix minutes avant le début de chaque messe, on compte déjà 50 à 80 personnes en prière.

Je n'ai fait de pointage qu'aux messes de 6 h., 9 h. et 10 h. ½ (1). J'y ai compté 150, 461 et 420 personnes, soit, au total, 1.031 dont 155 hommes. Les messes de 7 h. et de 11 h. ½ ont été les plus suivies ; l'église était presque pleine ; à 11 h. ½, presque tout un côté de la nef était occupé par les hommes. En supposant 500 personnes à chacune de ces deux messes,

(1) Messe de 6 h. — A l'*Introïbo*, il y a 17 hommes, 101 femmes, 2 jeunes filles, 1 jeune homme, 3 garçonnets. Jusqu'au *Credo*, il arrive 6 hommes, 10 femmes, 6 jeunes filles. Pendant l'Offertoire, 2 hommes, 1 femme, 1 jeune fille. Au total, 150 personnes, dont 25 hommes, parmi lesquels une demi-douzaine seulement vêtus bourgeoisement.

Messe de 9 h. — A l'*Introïbo*, je compte 27 hommes, 174 femmes, 29 jeunes filles, 1 jeune homme, 33 fillettes, 7 jeunes garçons. Jusqu'au *Credo*, il arrive 22 hommes, 76 femmes, 37 jeunes filles, 11 jeunes gens, 13 fillettes, 3 jeunes garçons. Pendant l'Offertoire, il arrive 4 hommes, 14 femmes, 2 jeunes filles, 2 jeunes garçons, 1 fillette. Après l'Elévation, 5 femmes. En tout, 461 personnes, dont 53 hommes, ouvriers en grande majorité. Quatre personnes sont arrivées en automobile, à la fin du sermon.

Grand'messe, 10 h. 30. — A l'*Introïbo*, il y a 76 hommes, 92 femmes, 61 jeunes filles, 38 jeunes gens, 109 fillettes, 27 jeunes garçons. Jusqu'au *Credo*, il arrive 1 homme, 9 femmes, 3 jeunes filles. En tout, 420 personnes, dont 77 hommes.

on arriverait à un chiffre total de 2.031 assistants aux messes dominicales. Le curé me dit
qu'en effet, ce matin-là, il a eu 2.000 places
payantes (toutes les chaises paient uniformément
0 fr. 10 et tout le monde paie). Beaucoup d'enfants, en septembre, se trouvent encore dans
les colonies scolaires. J'en ai compté 200 aux
trois messes dont j'ai pointé les assistants.
Il y en avait également un certain nombre à
7 h. et 11 h. ½. Le curé me dit réunir, aux
différentes messes, en hiver, environ 800 enfants. Le total des fidèles présents aux messes
du dimanche serait donc, en hiver, d'au moins
2.500 personnes, auxquelles on peut joindre
quelques adultes qui s'absentent de Decazeville
les dimanches de la belle saison. Sur 11.000 âmes,
nous obtenons un pourcentage d'environ 25 %.
Mais le chiffre global de la population de la
paroisse enveloppe 2.000 Espagnols qui demandent les secours de la religion dans les
grandes circonstances de la vie, mais qui ne
vont jamais à la messe, quelque effort que le
curé ait tenté et bien qu'il ait fait venir à
plusieurs reprises un prêtre espagnol. Si donc
on ne compte que la population française de
la paroisse, on arrive à près d'un tiers de pratiquants, proportion supérieure à celle de Cho-
let. Les Français de Decazeville sont donc restés, en grand nombre encore, attachés à leurs
croyances, malgré toutes les forces conjurées
contre elles.

Ma vie d'ouvrier dans le Dauphiné et dans le Rouergue a pris fin. Je m'éloigne avec peine de cette foule laborieuse que les Esprits du mal, répandus sur terre et dans les airs, arrachent à ses providentiels destins. Elle souffre de ne point trouver dans cette société matérialisée, jouet de tous les égoïsmes et de toutes les passions déchaînés, la paix qu'elle connaîtrait si elle était docile à la voix de la Loi naturelle et de la Loi surnaturelle. Mais les joies grossières, les haines aveugles, l'ignorance des principes générateurs de l'ordre, l'éloignent de toute harmonie. Dans son déséquilibre moral et matériel, elle vacille, oscille, jetée à tous les troubles et souffrant mille maux, s'épuisant à tâcher de conquérir des ombres, jouet des pires illusions. Est-il possible que tous les trésors qui gisent dans son âme soient à ce point délaissés ou dilapidés ! Les générosités de son cœur, les énergies de son intelligence, les puissances spirituelles de son âme, demeurent sans emploi. Ou, si elles jaillissent malgré tous les efforts coalisés pour leur destruction, elles sont trop souvent piétinées et salies, ou mutilées, ou perverties ! Cependant, l'ordre divin est inscrit dans les choses ou nous est révélé : la science humaine et la science divine se conjoignent pour conduire les hommes par les voies que leur a tracées la Providence. Nous les cherchons ici jusqu'à ce que, retrouvées, elles se rouvrent largement à la foule égarée, pitoyable, que Jésus aimait.

CONCLUSION

Les différents volumes d'enquêtes que j'ai publiés offrent, chacun, les conclusions exigées par les observations qu'il contient. Chaque conclusion ne fournit qu'une solution partielle du problème étudié, un aspect de la solution totale, solution partielle ou aspect particulier en relation avec les notations recueillies. Ainsi ai-je été amené à insister, tantôt sur la solution politique de la question ouvrière, tantôt sur la solution économique, tantôt, et le plus souvent, sur la solution morale et religieuse. Mais l'unité de ces diverses études expérimentales — que des lecteurs superficiels ou prévenus, ou ignorants de l'ensemble de ces travaux, pourraient être tentés de contester — est parfaite : la même méthode y préside et les observations les plus variées convergent vers la même conclusion générale.

Ces recherches de plus d'un quart de siècle sur le problème ouvrier ont mis successivement

en évidence les diverses conditions de la restauration de l'ordre social : conditions religieuses
et morales, intellectuelles, politiques et économiques. La solution de ce qu'on a appelé
« la question sociale » dépend de ces divers
facteurs. Aucun ne peut être négligé.

Les conditions religieuses et morales dominent toutes les autres : sans l'ordre religieux,
l'ordre matériel parfait reste précaire, s'il n'est
même impossible. Si l'homme mauvais peut corrompre les institutions les meilleures, le parfait
chrétien peut améliorer les institutions les plus
mauvaises et le secours divin miraculeusement
vaincre des obstacles humainement invincibles.
Mais les parfaits chrétiens sont rares et les institutions mauvaises possèdent une singulière puissance de corruption sur les hommes les meilleurs.
L'ordre religieux reste incertain si le désordre
politique et économique le menace. La paix sociale n'est pas sans dépendre étroitement de la
découverte de la meilleure formule d'équilibre
entre les intérêts matériels et du meilleur agen-
cement des éléments dont la société séculière se
compose ; autrement dit : de son organisation
politique et économique. Les institutions ont
une valeur intrinsèque. De là, leur importance
extrême. De là, notre devoir de les perfectionner
sans cesse, la nécessité d'y introduire les règles
essentielles que l'ordre naturel et l'ordre chrétien
requièrent et de les animer de l'esprit surnaturel.

Les autorités et les libertés, la justice et
la sécurité, la force au service du droit, l'invio-

labilité des personnes et des biens, le respect
de la famille, de la propriété, de la religion :
tels en sont les traits fondamentaux. Le catholicisme n'est lié à aucune forme politique et
économique particulière : il les admet toutes
pourvu du moins qu'elles respectent les principes du droit naturel et du droit chrétien.
Le problème de l'organisation politique et économique la plus propre à assurer l'existence et la
prospérité de la société civile, sa parfaite harmonie, son maximum de sécurité, sa plus fruc-
tueuse activité, demeure entier : il relève de
la science humaine, est abandonné aux méditations des savants, aux disputes des hommes,
qui ont pour tâche de le résoudre.

De notre longue recherche, il résulte que
l'économique dépend du politique, l'un et l'autre
soumis aux lois de la morale ; que le meilleur
fonctionnement du corps social, sa vigueur et
sa prospérité résultent de l'excellence de sa
constitution ; qu'en sociologie la structure corporative, en économie l'organisation du corps
professionnel, en politique la monarchie tem-
pérée et décentralisée et, pour notre pays, celle
qu'une expérience millénaire a façonnée au
cours de notre histoire, donnent à ce problème
sa vraie solution.

La grande poussée d'activité économique
intense, qui a créé, depuis cent ans, tant de
richesses et assuré, dans une mesure inconnue
jusqu'alors, la maîtrise de l'homme sur les forces
de la nature physique est, en cela, bienfaisante

puisqu'elle a mieux aménagé l'univers, dispensé le bien-être, surtout permis d'éviter tant de famines et d'épidémies cruelles qui décimaient autrefois les peuples. Mais elle est malfaisante lorsque, accroissant la fortune des fortunés et leur nombre, elle néglige de mettre à l'abri de misères imméritées les multitudes qui peinent. Il arrive alors que, pendant qu'on danse à l'étage sous l'éclat des lumières, dans un cadre doré, la colère gronde au sous-sol et l'incendie de la maison se prépare. C'est de cette rupture d'équilibre que la société souffre et c'est le besoin de cet équilibre nécessaire qui engendre ses aspirations vers plus de justice et de bonheur. La science humaine de la production des richesses — l'Economie et les diverses techniques — a provoqué cette poussée de capitaux, cet afflux d'or, cette création abondante de biens matériels qui caractérisent l'époque contemporaine. Mais les forces physiques ainsi mues par les sciences de la matière n'ont pas été complétées, contenues et disciplinées par la mise en jeu et le magistère des forces morales que meuvent les sciences de l'esprit. Le matérialisme de la société civile qu'a créée la Révolution française, renforcé, propagé, universalisé par le développement des idées dont elle est la source empoisonnée, par la démocratie républicaine et socialisante qui nous pousse à grand train jusqu'au type intégral de société athée, tyrannique, esclavagiste, dont la Révolution jacobine a posé les fondements et dont la Russie bolchevisée nous offre à l'heure présente la forme la plus achevée, renouvelée des démocraties de l'Antiquité païenne : voilà le mal affreux qui ne trouvera de remède que dans le retour aux principes religieux et moraux du christianisme et aux lois de la Politique et de l'Economie que la science expérimentale découvre et enseigne.

Réformer pour son bien, pour son mieux, la société, c'est, avant tout et par-dessus tout, un problème moral et religieux dont, seule, l'Eglise possède la solution. C'est qu'en effet la société ne peut être bien constituée que si tout y est ordonné aux fins de l'homme et, par conséquent, d'abord, à ses fins éternelles. Le plus sûr moyen d'y atteindre est, en premier lieu, de soumettre la vie sociale à la loi de justice et de charité. La subordination du bien temporel au bien spirituel, la recherche du bien temporel dans l'observation de la loi de Dieu, le respect, en chaque individu, de la dignité de la personne humaine rachetée par le sacrifice du Christ, la reconnaissance de ses droits, l'aide apportée à l'accomplissement de ses devoirs, la défense du droit de propriété, le respect des inégalités conformes à l'ordre providentiel, l'assistance mutuelle, la recherche de la paix : tels sont les principes essentiels que le catholicisme place aux bases mêmes de la société et dont le respect en conditionne l'existence, le développement, la prospérité, le bonheur. Les forces sociales ne sont pas que de l'ordre matériel et il ne suffit pas d'un équilibre physique réalisé

entre elles pour mettre dans la société la paix.
Le producteur et le consommateur sont des
personnes humaines, débordantes d'énergies spirituelles, de puissances morales, de forces intellectuelles, vibrantes de sensibilité, illuminées
par la raison et sublimées par les rayons tombés
du monde surnaturel, en proie aussi aux séduc-
tions de l'imagination, aux violences des instincts et aux pires entraînements de la passion.
Si les forces matérielles, qui jouent dans la vie
sociale comme dans la vie de chacun de nous,
ne sont pas soumises à une discipline conforme
aux lois du monde, quels troubles ne seront pas
déchaînés dans la vie morale de la société ou
de chacune des personnes qui la composent !
Si le désordre moral règne dans la société ou
dans l'individu, comment l'ordre physique pourrait-il subsister longtemps dans l'une ou dans
l'autre ! Quand bien même la contrainte bru-
tale d'une force matérielle s'exercerait du dehors, l'harmonie serait trop artificielle, trop
superficielle, trop contraire aux réalités profondes, pour n'être pas précaire ; et encore,
durant qu'elle se maintiendrait, ne serait-elle
qu'extérieure et tout apparente, masquant mal
les tendances à la rupture ou le travail des causes
de dissolution.

L'ordre social requiert donc, d'abord, l'ordre
moral que la discipline religieuse, seule, peut
réaliser et maintenir en nous et hors de nous.
Mais il requiert aussi l'ordre matériel, qui doit
être imposé aux forces physiques, nombreuses

et puissantes, que la vie sociale met en jeu, et
sans lequel l'ordre moral risquerait de n'avoir
pas grande durée (1). Les nations protestantes
sont devenues plus riches, plus prospères, plus
puissantes que les nations catholiques tant que
celles-ci ont négligé de développer leur flotte
et leur commerce, leur outillage et leur industrie, d'organiser leurs forces économiques, d'accroître leur production et leurs échanges, de soumettre leur activité matérielle à des méthodes
savantes et à une politique prévoyante et inflexible. Le problème est double et aussi la
solution : la Religion résout le premier et la
science humaine de la Politique et de l'Economie expérimentales le second. L'équilibre social
total, résultant de la connaissance et du respect des lois naturelles et surnaturelles portées
par Dieu, voilà l'ordre social chrétien.

Les principes religieux et moraux admis,
comment ensuite organiser matériellement la
société civile ? De quelles institutions la doter ?

Nous devons faire appel à la science humaine
pour déterminer les meilleures conditions tem-
porelles de la constitution et de la vie politiques
et économiques de la société séculière. Sans
réforme religieuse et morale, tout ne serait
que cendre. Mais, cette réforme acquise, tout
reste à faire pour organiser une société civile
bien ordonnée, de même qu'à l'âme humaine il

(1) Le Comte de Paris l'a fait remarquer : « Les mauvaises institutions corrompent les hommes. »

faut un corps bien constitué. Comment bâtir la société civile ? Elle doit être d'abord pourvue d'institutions politiques, car toute sa vie en dépend, comme toute la vie du corps dépend du système nerveux central et périphérique. Mais, à cette organisation politique, toutes les autres institutions doivent être adjointes, puisque le corps social ne vit pas que par l'activité politique, mais aussi par l'activité économique qui requiert des organes adéquats, tout de même que le corps physique ne pourrait vivre si le système cérébro-spinal ne possédait os, muscles, viscères, à gouverner et qui le servent et le nourrissent. Bref, le complexe social exige, pour être en parfait équilibre, pour posséder toute la puissance de vie et d'action nécessaire, de réaliser le type religieux et moral, politique et économique, conforme à sa fonction ; l'intelligence diffuse à travers cet organisme ou concentrée en des centres hiérarchisés pourra dès lors le mouvoir de façon qu'il remplisse ses fins propres.

L'évolution historique des sociétés nous fait assister souvent à des progrès ou régressions qui ne concordent pas avec l'ordre logique de leur constitution que nous venons de décrire. Il arrive que des sociétés mènent une existence surtout économique avant de s'élever à une organisation politique et religieuse prédominante ou, au contraire, de celle-ci régressent à celle-là. La volonté humaine, éclairée et guidée par l'expérience et la raison, peut et doit chercher à conduire les transformations sociales, à travers les réformes nécessaires, jusqu'à la constitution-type démontrée la meilleure : le magistère de l'Eglise assure à la société civile l'ordre moral ; la Monarchie garantit l'unité et la durée nationales, la sécurité et la prospérité, l'exercice d'une autorité bienfaisante et la jouissance des libertés nécessaires ; la Corporation, solution du problème professionnel et du problème ouvrier, régularise, avec la production, toute la vie du métier et réalise, par l'entr'aide et l'harmonie entre les producteurs, la paix sociale. L'Etat corporatif et la Monarchie très chrétienne fournissent aux ouvriers comme à tous les citoyens les meilleurs moyens de collaborer efficacement à l'instauration et au maintien de l'harmonie sociale. La politique, quelle qu'elle soit, doit rester soumise à la morale naturelle et à la morale chrétienne. La science politique expérimentale, loin d'exclure une métaphysique et une théologie de la Politique, les exige comme des compléments et un contrôle nécessaires. L'Etat a pour fonction essentielle la défense des intérêts nationaux : « Tout ce qui est national est nôtre », a déclaré le Duc d'Orléans ; et Monseigneur le Duc de Guise : « Il appartient aux Français d'assurer la sécurité de leurs foyers et de leurs frontières. » Cette défense n'est parfaite que dans l'organisation monarchique de la nation : « La Monarchie est la forme sensible de la Patrie », a écrit de Maistre ; « Nous sommes royalistes

parce que nous sommes patriotes », a déclaré
Berryer. Chaque nation forme un système particulier d'intérêts légitimes et de droits, de sentiments et d'idées, un corps autonome dont l'existence et le développement normaux s'expriment
par un nationalisme qui ne doit s'entendre,
ni d'un nationalisme religieux qui serait schis-
matique, hérétique même, sinon païen, et su-
bordonnerait illégitimement l'Eglise à l'Etat,
ni d'un nationalisme impérialiste, ou xénophobe,
négateur du droit et des intérêts légitimes des
autres nations, ou de l'effort qu'elles doivent
faire pour entretenir entre elles des relations
amicales et nombreuses. Les diverses formes
de gouvernement sont compatibles avec la
doctrine catholique et avec la justice. Elles
peuvent assurer le bien public, mais à des degrés
divers, avec plus ou moins de force, en offrant
plus ou moins de garanties, et il va de soi que
chaque peuple recherche la constitution politique la meilleure, ou bien celle qui, sans être
en soi la meilleure, lui paraît cependant préfé-
rable parce qu'elle s'harmonise mieux avec
ses goûts, son caractère, ses besoins, ses habitudes, ses traditions. Nos ouvriers royalistes
français voient dans la Monarchie nationale
traditionnelle la constitution politique la meilleure, comme aussi la plus conforme au génie
de notre pays, la plus propre, par conséquent,
à en assurer le salut (1). Ils en attendent aussi,

(1) Le catholicisme s'accommode de toutes les formes

pour l'Eglise, toutes les prérogatives qu'exige sa mission dans le monde et, pour eux-mêmes, le retour à l'ordre professionnel qui vaudra à leur classe les garanties de sécurité et de paix dont elle a besoin (1).

Religion, famille, propriété : que, de ces biens essentiels, sur lesquels l'ordre social repose,

de gouvernement pourvu qu'elles reconnaissent ses droits et respectent les principes essentiels sur lesquels toute société doit être établie. Quelle que soit la forme politique de l'Etat, la vie sociale est subordonnée aux lois morales dont l'Eglise a le dépôt. « La justice sauvegardée, a écrit Léon XIII dans l'encyclique *Diuturnum illud,* il n'est pas interdit aux peuples de se donner le gouvernement qui répond le mieux à leur caractère ou aux institutions et coutumes qu'ils ont reçues de leurs ancêtres. » Pie X a reproduit cette affirmation de Léon XIII dans son encyclique sur le Sillon, où il déclare lui-même que « l'Eglise a toujours laissé aux nations le souci de se donner le gouvernement qu'elles estiment le plus avantageux pour leurs intérêts... Il y a erreur et danger à inféoder, par principe, le catholicisme à une forme de gouvernement... » Pie X écrit encore : « Pas de vraie civilisation sans civilisation morale et pas de vraie civilisation morale sans la vraie religion. »

(1) Le hasard d'une enquête m'a mis en rapports avec les petits groupes d'ouvriers royalistes de Romans et de Decazeville. Leur importance tient à ce qu'ils manifestent le rapide développement de l'idée royaliste et corporatiste parmi les ouvriers français. Dès qu'ils comprennent la nature et les avantages de cette doctrine politique et de cette organisation professionnelle, ils l'adoptent et la propagent. Ces idées se répandent promptement : à Paris notamment et parmi les mineurs du Pas-de-Calais, les salariés d'usines d'Halluin et d'Haubourdin dans le Nord. Leurs partisans sont en très grand nombre à Alès, à Mazamet et dans le Roussillon. Tous les ouvriers et marins-pêcheurs de Saint-Jean-de-Luz en sont de fervents adeptes. Pour ne citer que ces quelques exemples entre mille !

l'ouvrier cesse enfin d'être exclu ! Comment l'ordre pourrait-il régner lorsque la vie ouvrière est soustraite aux conditions fondamentales de l'ordre ! Rendre l'ouvrier à la foi chrétienne, au foyer familial, à l'appropriation des biens terrestres, c'est le faire rentrer dans l'ordre et le faire contribuer à le maintenir. La propriété n'est pas seulement nécessaire à la satisfaction des besoins matériels du travailleur, mais encore à la satisfaction de ses besoins moraux. Comme l'a admirablement remarqué Le Play (1), « le premier degré de bien-être ne consiste pas à étendre les satisfactions physiques, mais bien à créer les jouissances morales que donne la propriété ». Les socialistes n'envisagent, dans la possession des biens temporels, que la jouissance physique qu'ils procurent. Les sociologues catholiques y voient, en outre, le moyen de répondre aux légitimes exigences de notre nature morale : la propriété élève l'homme ; du moins la propriété conçue suivant l'esprit chrétien. Ainsi, le point de vue matériel rejoint le point de vue moral dont nous ne nous étions éloignés un instant que pour y revenir.

Mais le meilleur moyen d'assurer l'accession de l'ouvrier à la propriété, c'est l'organisation corporative de la profession qui le donne puisqu'elle peut efficacement aider l'ouvrier à acquérir la propriété individuelle et qu'elle seule peut lui assurer la participation à tous les avantages

(1) *La Réforme sociale*, II, 464.

que la propriété collective du Métier, le patrimoine corporatif, lui procurerait. Participant, comme tous les autres producteurs, à constituer, alimenter et administrer cette propriété commune, comme à gouverner le Corps professionnel, l'ouvrier gagnerait en sécurité, grandirait en dignité ; sa valeur comme producteur, comme homme et comme citoyen, en serait étrangement accrue ; chef à son foyer reconstitué et devenu stable, agent coopérateur de l'activité économique, instruit et éduqué dans la grande famille professionnelle, éclairant et fortifiant son jugement au contact des réalités qu'il serait appelé à y étudier et à régir, il se trouverait ainsi admirablement préparé à remplir sa fonction civique dans la vie communale et provinciale dégagée d'une centralisation qui l'étouffe et libérée du parasitisme politicien et démagogique qui la trouble et l'altère ; il serait admirablement qualifié pour informer le Prince des besoins des hommes de sa condition, de sa profession, de sa région. Tous les Corps constitutifs de la nation se gouvernant eux-mêmes dans les limites du domaine défini par les intérêts dont ils ont la charge, mais gouvernés par l'Etat qui les hiérarchise, les coordonne et les unifie dans la vie nationale, celle-ci représentée et dirigée par le Chef héréditaire, seul capable d'assurer son unité dans la succession du temps comme de rassembler en sa personne, à chaque moment de la durée, les énergies diverses et ordonnées, répandues sur toute la surface du territoire national : tel est, en un bref raccourci, l'aspect de la société française restaurée dans sa tradition vivante.

Nous savons quelles forces de destruction, déchaînées sur notre pays depuis bientôt un siècle et demi, ont renversé l'édifice millénaire que la Famille royale avait patiemment construit, et avec quelle rage, depuis cinquante ans, elles tentent d'en consommer la ruine. Quelle pensée les anime ? A quels destins nous conduisent-elles ?

La vieille pensée païenne ressurgit et tente de nous précipiter à nouveau dans l'antique esclavage que le christianisme avait brisé et dont nous avait défendu notre monarchie très chrétienne. L'Antiquité païenne divinisait la Cité, l'Etat, qu'elle faisait maître des corps et des âmes. La Révolution française, dont la IIIe République est l'exécutrice testamentaire, a ressuscité, renouvelé et renforcé cette doctrine. La Puissance publique informe, façonne, dirige les consciences et les intelligences, débride les instincts, enseigne et impose morale, croyance, activité civique. Expression de la Volonté générale, souveraine sans aucune limite à sa souveraineté, la Loi décrète le Vrai et le Faux, le Bien et le Mal, le Juste et l'Injuste, décide de ce que doivent penser, faire, posséder les citoyens : elle est la Loi positive, la Loi naturelle, la Loi divine, car la Société, l'Etat, qui l'incarne et la gouverne, est Dieu. La destinée de l'homme ne dépasse pas le monde sensible, qui est tout le réel, et l'Etat est maître absolu de cette des-

tinée. Le symbolisme défini par le Pouvoir de
la Cité constitue une religion dont ce Pouvoir
arrête les formules, les cérémonies et les rites.
Les enfants sont sa propriété : il les éduque, les
instruit, façonne l'adulte qu'il mène où il lui
plaît, soit par ses ordres formels, soit par ses
suggestions ; les Cercles secrets, qui constituent
l'armature vivante de l'Etat, meuvent la Puissance publique et les citoyens enserrés dans le
réseau étroit et multiforme de leurs influences ;
leur souffle subtil s'insinue en tous les replis de
la conscience collective et des consciences individuelles, s'applique même à pénétrer la pensée
contraire et ennemie, s'il en existe encore, à
la désarmer, l'endormir dans le beau rêve d'une
collaboration possible, utile et même bienfaisante. Désarmer l'opposition, faire croire à la
pureté de ses intentions, amener ses adversaires
eux-mêmes à pousser les roues de son char,
perfectionner sa puissance de dissimulation et
de ruse et prodiguer des promesses jusqu'à séduire, s'il était possible, les élus eux-mêmes, la
République maçonnique et jacobine y excelle
et trouve toujours des chrétiens assez naïfs pour
accepter le bandeau qu'elle met sur leurs yeux
pendant qu'elle les pousse alternativement par
l'évolution insensible et la crise révolutionnaire
à son but suprême, la République communiste
et athée universelle.

Catholiques soucieux d'assurer le règne de
la Religion, Français résolus à libérer leur pays
d'une tyrannie odieuse, travailleurs manuels

décidés à assurer à leur classe la sécurité et la paix, les ouvriers catholiques et royalistes, que nous avons rencontrés au cours de cette étude, sont résolus à lutter pour la restauration des principes essentiels de l'ordre social : — la distinction du spirituel et du temporel, la société religieuse et la société civile étant l'une et l'autre des sociétés parfaites, souveraines chacune dans son domaine propre ; — la reconnaissance des droits et libertés des individus, familles et corps sociaux, que l'Etat a pour fonction primordiale et essentielle de respecter, de garantir, de défendre ; — la constitution corporative de la profession, seule qualifiée pour procurer aux faibles l'aide dont ils ont besoin, protéger les producteurs et régler la production ; — la constitution monarchique de l'Etat, seule capable d'assurer aux citoyens et à l'Etat leurs prérogatives particulières, leur légitime indépendance, leur libre activité, leur prospérité. Les citoyens maîtres dans leurs foyers et dans leurs républiques, le roi maître dans l'Etat, l'ordre serait enfin rétabli là où règne aujourd'hui la plus redoutable confusion. La sagesse de nos pères s'exprimait par ces deux proverbes : — « Charbonnier maître chez soi » ; — « Chacun son métier, les vaches sont bien gardées ». Mais le foyer domestique, le foyer professionnel, le foyer communal et provincial, le foyer national sont piétinés et souillés par les intrus qui s'y installent comme chez eux et commandent ! La République jacobine et païenne qui asservit les Français et conduit la France à la ruine est le règne de l'étranger qui, accouru des quatre points cardinaux dans ce domaine en déshérence, entend la maintenir humiliée, l'affaiblir encore, se l'asservir, la gouverner à son gré. La Maison est livrée à tous venants. Que le Chef de la Maison de France revienne donc au plus tôt ! Qu'il en chasse pillards et intrus. Lui seul y peut remettre l'ordre, y restaurer la paix, restituer la France à son génie national et à sa mission dans le monde !

TABLE DES MATIÈRES

Etab. André Brulliard, St-Dizier (Hte-Marne). — 1928